Herstellung und Verlag:
Books on Demand GmbH, Norderstedt
ISBN 978-3-8370-2598-9

Im BLICK des PRÜFERS

Der Blick im Titel dieses Buches ist ein Rückblick auf 3 Jahrzehnte Führerscheinprüfungen, und der Prüfer, der ich war, ist seit 12 Jahren im Ruhestand[1].
Ein anderer, zur Vermeidung eines Unfalls notwendiger Blick, fehlt oft nicht nur in der Prüfung, sondern leider auch danach. Wie könnte es sonst z.B. geschehen, dass beim Linksabbiegen eine von hinten kommende Straßenbahn nicht gesehen oder beim Rechtsabbiegen ein Radfahrer „umgelegt" wird - usw.
Böse Zungen haben behauptet, bei mir müsse man nur immer fleißig umschauen, dann bestehe man die Prüfung trotz anderer Fehler.
Einmal sagte ein Fahrlehrer: „An Sie hab ich gestern denken müssen: wenn ich da nicht geschaut hätte, hätt´s gekracht!"
Darauf ich: „Warum ausgerechnet an mich? Ich hab doch das Schauen nicht erfunden". „Und das Pulver auch nicht" hätte er witzigerweise bemerken können, aber dafür kannte er mich zu gut.--
Nein, das Pulver habe ich zwar nicht erfunden, aber einige Ideen anderer Art haben sich im Lauf der Jahre eingefunden.
Ich werde noch näher darauf eingehen -- doch warum nicht gleich damit anfangen:
1983 meine Kritik an den Prüfungsrichtlinien, was das Abbiegen und den Fahrstreifenwechsel betrifft. In der bisherigen Fassung hieß es: „In besonderen Verkehrssituationen (z.B. Abbiegen nach rechts, wenn Radfahrwege und Gleisanlagen vorhanden sind) kann sich eine zusätzliche Beobachtung der Verkehrslage durch Umdrehen als erforderlich erweisen."

---

[1] in 2007

Hierzu meine ich:

Je dichter der Verkehr wird, desto langsamer fließt er. Rechtsabbiegen nach Halt oder langsamer Fahrt - wo mit Rechtsüberholtwerden durch Radfahrer (ohne Radweg!) gerechnet werden muss - findet immer häufiger statt, während Abbiegen aus zügiger Fahrt entsprechend seltener wird. Was heute die übliche (!) Verkehrssituation ist, muss in der bisherigen Fassung unter „besonderen" Situationen gesucht werden und kann hier in „z.B." auch nur vermutet werden, denn es werden nicht beim Namen genannt: Rechtsabbiegen nach Halten (bei Rot oder Fußgängerüberweg oder in Kolonne) oder nach langsamer Fahrt.

Alle diese Fälle sind zum Regelfall geworden, das Umschauen (Schulterblick) also nicht ausnahmsweise, sondern meistens notwendig. Städter können ein Lied davon singen!

Hinzu kommt noch, daß Kinder bis zum 8. Lebensjahr mit dem Fahrrad auf dem Gehweg fahren müssen[2]. Also gibt es für alle Rechtsabbieger seither keinen Unterschied mehr zwischen Rad- und Gehwegen, es gibt nur noch Radwege!

Einem älteren Kollegen hatte ich einmal folgenden Fall geschildert:

Wir warten längere Zeit bei Rot. Prüfling biegt bei Grün rechts ab über den Radweg ohne Umschauen oder allerwenigstens Spiegelblick (der auch während des langen Wartens nicht erfolgte).

Dann mein Urteil: nicht bestanden wegen erheblichen Fehlverhaltens oder Nichtbeachtens der Vorrangregelung. -- Und nun große Entrüstung des Kollegen: „Das können Sie doch nicht machen, Sie können den doch nicht wegen dem einen Fehler durchschmeißen, der hat´s jetzt halt einmal vergessen!"

Das hat mir schier die Luft genommen.

---

[2] seit Sommer 1980

Wenn ein Fahrer die nötigen Automatismen besitzt, gibt es kein Vergessen, da schon kein Drandenken erforderlich ist. Wenn ich manchmal vor Prüfungsfahrten die Lehrperson zu den Prüflingen sagen hörte, sie sollten an dies und jenes denken (was eigentlich ins Reich des Automatismus gehört), dachte ich „Ooha! Wenn das heut mal gut geht ...“ Und oft ging dann manches schief. Übrigens habe ich nicht jemand „durchgeschmissen“, sondern davor bewahrt, mit dem Fahrzeug Unheil anzurichten.

Die Aufgabe des Ausbilders - der Ausbilderin[3] - ist es, die Automatismen einzutrainieren.Und war das gründlich geschehen, konnte ich guten Gewissens den Führerschein aushändigen.

In der Quantenphysik gibt es die Erkenntnis, dass sich Objekte in diesem Größenbereich unter dem Einfluß des Beobachters ändern. Die Parallele zum Verhältnis Prüfer - Fahrschüler drängt sich auf. Zwar ist das vom Prüfer beobachtete „Objekt“ kein Quant, sondern ein (manchmal beträchtliches Quantum) Mensch aus Fleisch und Blut - und Nerven.

Ich habe immer versucht, einen wesentlichen Einfluß meinerseits auf das Prüfergebnis auszuschalten und den Prüfungsstress (männlich!) durch freundliche Begrüßung (weiblich!) mit ruhiger Stimme (hier männlich) einigermaßen zu neutralisieren.

Doch die Prüfungsnervosität legt Schwächen bloß, die der Prüfer sonst vielleicht nicht entdeckt hätte, und sie kommt oft aus dem Bewußtsein, zu wenig Fahrstunden gehabt zu haben. Nach der bestandenen Prüfung geht es aber mit psychischen Belastungen noch weiter, durch Mitfahrende: Ehemann, -frau, Kumpels auf der Diskofahrt („Nun zeig mal, was du drauf hast!“). Eine meiner ersten Fahrten nach bestandener Prüfung

---

[3] der/die verehrte Leser(in) möge mir nachsehen, daß ich wegen der besseren Lesbarkeit immer die männliche Form wähle

1960 im Käfer mit meinen Eltern war eine Nachtfahrt von Ulm ins schwäbische Oberland über eine kurvige Landstraße.

Ich hatte Abblendlicht (damals hieß es noch so). „Blend auf, du siehst ja nichts!" rief der Vater von hinten. Mein linker Fuß suchte den Knopf, und nebenbei fuhr ich und versuchte krampfhaft, auf der Straße zu bleiben. „Aah, endlich hell, wie ange-„Blend ab, du blendest den!" Wo war doch gleich der Knopf?

Wie lang das so ging, weiß ich nicht mehr. Jedenfalls graust mich´s, wenn ich daran denke.

FAHRLICHT[4]

Es hasst das Alte die Reform:
Ändert hinten, ändert vorn.
Wen hat das Abblendlicht gestört,
Das sich jahrzehntelang bewährt,
Macht dreist und kurzerhand - o Graus -
Für Lieschen Müller Fahrlicht draus!
O Logos - Logik - Geistes Licht:
Wo bitter nötig, scheinst du nicht.
Wenn kein Verkehr von vorn zu sehn,
Ist Fernlicht Fahrlicht - Sie verstehn?
Doch leider: oft blendet manch Lahmer,
                    manch Schneller
Mit falsch eingestelltem umso heller!

---

[4] wieder „Abblendlicht" (Alle Verse von mir)

Heute sind drei Nachtfahrstunden Vorschrift. So besteht Hoffnung, dass der jüngeren Generation ein ähnliches Nachterlebnis erspart bleibt. (Es gibt schönere.)

1960 bekam ich den Pkw.-Führerschein (laienhaft ausgedrückt) nach nur vierzehn Fahrstunden.

Nach der Faustregel „soviel Stunden wie Lebensjahre" hätte ich die doppelte Anzahl gebraucht. Dass ich mehr hätte brauchen können, merkte ich an dem Schreck, der mich durchfuhr, als beim Anfahren der Wagen nach links zog, weil die Lenkung nach links eingeschlagen war. Wäre ich damals mit einer Zeitmaschine zurückgekommen und hätte mich als erfahrener Prüfer zur Prüfungsfahrt hinter das Greenhorn gleichen Namens gesetzt, hätte ich diesem noch einige Wiederholungsstunden gegönnt.

Nach sieben Jahren Konstruktionspraxis verließ ich das Reißbrett und landete auf dem Rücksitz des Fahrschulwagens. Doch hier drohte immer wieder das Rückgrat zu erweichen. Dass ich diesen Sitz nach über 30 Jahren mit geradem Rücken verließ und aufrecht in den Ruhestand gehen konnte, lässt sich aus der Vermutung meines Chefs ablesen (die er beim Abschied aussprach), ich sei aus dem südlichen Schwarzwald. Die Hotzenwälder sind bekannt für ihre harten Schädel....

Ein unkritischer Prüfer ist ein Widerspruch in sich. Es gäbe sicher eine große Enttäuschung, wenn meine Ausführungen ohne alle Kritik wären - ähnlich einer Veranstaltung auf dem Nockherberg, wo nicht „derbleckt" würde. Ich sehe vor mir eine schier unüberschaubare Menge Fahrlehrer/innen - d.h. ich „derblecke" sie und rufe laut und deutlich: „Sie sind voll in Ordnung, und ich danke Ihnen für die freundliche Zusammenarbeit!"

Aber die Minderheit, die Minderheit! So klein sie ist, so groß war der Ärger damit!

Stellungnahme zur Prüfungsfahrt des A.B. mit Fahrlehrer C. am 7.4.1967 in Mannheim.

Herr B. machte schon bei den Rangierübungen auf dem Prüfplatz einen schweren Fehler.

Beim Rückwärtsfahren in die durch Bambusstangen begrenzte Lücke schaute er, als das Prüffahrzeug (VW 1200) der hinteren Begrenzung nahe kam, nach vorn. So merkte er nicht, daß sich die Stoßstange unter den zwei oberen Querstangen der hinteren Lückenbegrenzung durchschob. Er hätte somit die unterste Querstange zu Fall gebracht, wenn diese nicht zufällig schon auf dem Boden gelegen hätte. Da zum Fahren das rechtzeitige Erkennen von Hindernissen notwendig ist, insbesondere beim Rückwärtsfahren, hätte ich zu diesem Zeitpunkt die Prüfung beenden können. Daß ich es nicht tat, sondern die Fahrt fortsetzen ließ, dürfte nicht gerade ein Beweis für meine Strenge oder Kleinlichkeit sein.

Weitere Fehler in der Stadt waren das viel zu lahme Anfahren erstens an einer Ampel und zweitens beim Einbiegen in eine Vorfahrtstraße, wobei ein von links kommender Pkw. bremsen mußte. Damit war die Prüfung nicht bestanden.

Daß Herr B. nun Einspruch erhebt, ist verständlich, da der Fahrlehrer in seiner Gegenwart die Fehler entweder verharmloste oder abstritt.

Später wurde erwogen (und dann doch nicht ausgeführt), die hinteren Begrenzungsstangen durch eine senkrechte Wand zu ersetzen. Der Vorschlag (zwar nicht von mir) war gut, denn die Wand hätte den Vorteil gehabt, das Nichtbestehen der Prüfung akustisch zu begründen und auch für einfache Geister (Minderheit!) einsehbar zu machen - und dem Prüfer unnötige Erklärungen zu ersparen.

Diese Aufgabe hatte bisher die fallende Stange erfüllt, doch war es der Stoßstange manchmal gelungen, sich klammheimlich daran vorbei zu mogeln

„Trotz sonst guter Leistungen ist die Prüfung nicht bestanden bei Gefährdung oder Schädigung."

Nicht nur Personen können gefährdet werden, sondern auch Sachen, meistens das „heilig´ Blechle". Wenn der Prüfling beim Einfahren in eine Parklücke den Fahrlehrer bitten würde, auf *seiner* Seite einmal herauszuschauen, ob´s reicht, wüsste ich, daß er weiß, worauf es ankommt, und daß er kein Risiko eingehen will, in Ordnung! Aber er tut es nicht, schaut sogar auf die falsche Seite und freut sich, dass er soviel Luft hat, aber nicht lang. Dann hat er mindestens 14 Tage Luft für Nachschulung.

(Wie ist eigentlich die weibliche Form von Prüfling? Die ist immer mitgemeint.)

Beschwerde über Fahrlehrer L..
Am 9.4.1984 fuhr Frl. E. in der Kl.3-Prüfung mit Fahrlehrer L.. auf einem Parkplatz rückwärts in eine Lücke zwischen zwei geparkte Wagen. Ausgangsstellung neunzig Grad zur Endstellung. Da sie immer nur über die rechte Schulter nach rechts hinten schaute, hatte sie nur die rechte Seite im Blick. Und als sie endlich zum Halten kam, war links vorn zwischen Blech und Blech noch 12 cm Abstand (auf der anderen Seite zwei Meter).
Anstatt - wie es seine Pflicht ist - rechtzeitig einzugreifen, schrie mich nun, nachdem ich die Prüfung für nichtbestanden erklärt hatte, der Fahrlehrer an, er mache mit mir keine Prüfung mehr, das sei keine Gefährdung. Außerdem weigerte er sich, mich zum Ausgangspunkt, wo die nächsten Prüflinge warteten, wieder mitzunehmen. So kam zur Beleidigung noch Nötigung.
Als Nichtbeteiligter kam Fahrlehrer H. hinzu. Er war so freundlich, mich zum Ausgangspunkt zurückzufahren.
Eine weitere Zusammenarbeit mit L.. kann mir niemand zumuten, es sei denn, daß er sich bei mir in angemessener Form (d.h. persönlich) entschuldigt. Außerdem ist es unerläßlich, daß er der Fahrschülerin gegenü-

ber seine in ihrer Gegenwart gemachte Behauptung, ein solches Heranfah-
ren sei keine Gefährdung, widerruft, wenn er seine Eignung als Fahrleh-
rer (Pädagoge!) nicht in Frage stellen lassen will.

L. hat sich zwei Monate später bei mir entschuldigt. Zwar „der
Not gehorchend, nicht dem eignen Trieb," aber wenigstens
persönlich.-- Ein anderer beauftragte mit der Entschuldigung
seinen Anwalt, und mein Chef teilte mir´s mit. Mich anzu-
schreien und alles mögliche zu heißen, das ging auf kürzerem
Weg - und ohne Vermittler.

„Trotz sonst guter Leistungen ist die Prüfung als nicht bestanden zu bewerten bei grober Mißachtung der Vorfahrt- und
Vorrangregelung."
Diese Formulierung ist ein großer Fortschritt: nicht mehr die
tatsächlich eingetretene Folge eines Fehlverhaltens ist bestim-
mend für das Ergebnis der Prüfung, sondern das Verhalten
selbst. Eigentlich logisch - aber jahrzehntelang leider nicht.
Doch freuen wir uns über jede Verbesserung der Verkehrssicherheit - und Herstellung der Gerechtigkeit; denn „A" fiel
durch, weil von rechts einer kam, aber „B" durfte bisher trotz
fehlendem Seitenblick weiterfahren, weil an derselben Stelle
keiner kam.
Ich erinnere mich an eine Frau mittleren Alters, die sich gleich
von Beginn der Prüfungsfahrt an über die jungen Leute erei-
ferte, die „rechts vor links" nicht beachten. Nach fünf Minuten ließ ich sie anhalten und fragte, ob sie die zwei Straßen, die
im Abstand von etwa hundert Metern von rechts (in die
Handschuhsheimer Landstraße) einmünden, nicht gesehen
habe. „Das, was Sie den Jungen vorwerfen, ist Ihnen jetzt auch
passiert" sagte ich und erklärte die Prüfung für nicht bestanden. Sie wollte hier aussteigen. Hinterher sagte der Fahrlehrer:
„Die wohnt hier in der Nähe..." (Liest sie dies vielleicht?)

Es ist unmöglich, an Vorfahrt von rechts zu denken, ohne dass der Blick nach rechts geht, d.h. ohne dass sich die Augen bewegen. Und den Hals dabei steifhalten, so dass sich der Kopf nicht dreht, wäre geradezu ein Kunststück! Ich habe mich immer so gesetzt, dass ich die Augen des Fahrers / der Fahrerin im Innenspiegel sah.

In Mannheim fahren wir auf der Seckenheimer Straße auf den Tattersall zu. Da kommt schräg von links hinten die bevorrechtigte Schwetzinger Straße.Und was macht mein Prüfling? Er guckt stur geradeaus und fährt / fällt durch. Und was sagt dann der Fahrlehrer? „Das hat man doch im Blickfeld!" Kommentar überflüssig.

„Trotz sonst guter Leistungen ist die Prüfung als nicht bestanden zu werten bei Nichtbeachten von Rot bei Lichtzeichenanlagen". Hierbei ist zu tadeln, dass der eine oder andere Fahrlehrer bei Rot hat durchfahren lassen, wenn kein Querverkehr kam, in der Hoffnung, der Prüfer merke das nicht (vielleicht blättert er gerade in seinen Akten). War dem Prüfling und der Allgemeinheit für die Zukunft damit gedient?
Um das Wiehern des Amtsschimmels etwas zu dämpfen, das aus dem Wort Lichtzeichenanlage heraustönt, schreibe ich kurz, wie man´s ausspricht: Ampel.
Und schon muß ich´s wieder verlängern, für manche Zwecke ist es doch zu kurz:
(An das Amt für öffentliche Ordnung, Heidelberg)
Bitte, ersetzen Sie NICHT die Fußgängerampel in der Dossenheimer Landstraße zwischen Sparkasse und Tankstelle durch einen Zebrastreifen!
1) Diese von starkem Durchgangsverkehr mit 50 km/h befahrene Straße ist sehr breit und hat außerdem in beiden Richtungen Schienenverkehr.

2) Die rote Ampel ist von den Fahrern (schon von fern) leichter wahrzunehmen als eine überquerende Person, zumal wenn diese unauffällig gekleidet ist. Und das nicht nur bei Nacht!

3) Die Straßenbahn hat gem. §26 StVO dem Fußgänger gegenüber am Fußgängerüberweg keine Wartepflicht.

4) Beim Zebrastreifen kann Jede(r) losmarschieren, wann es ihr/ihm gerade paßt. Dadurch wird der Verkehrsfluß unregelmäßig unterbrochen, er kommt ins Stottern (Abgas!).Eine nicht zu kurze Grünphase für den Fahrzeugverkehr läßt diesen einigermaßen gleichmäßig abfließen (umweltfreundlich), während sich die Fußgänger zur nächsten (sicheren!) Überschreitungsphase sammeln.

Fazit: Selbst wenn durch einen Zebrastreifen lange Staus vermieden würden, wäre eine Gefährdung von Personen nicht zu rechtfertigen.

Das war in 2002. Die damalige Behelfsampel wurde ersetzt durch eine fest installierte, die brav ihren Christophorusdienst erfüllt.

Fastbackturboblitzpilot
hält bei Ampel wegen Rot.
Hinter ihm steht Pferd mit Wagen,
Rest aus längst verflossnen Tagen.
In Geduld der Mann sich fasst,
merkt auf, daß er nicht Grün verpasst;
das Rotlicht dreißig Meter später
auch merken tät er --.
Bei Grün beschleunigt er normal,
muß jedoch gleichnochmal
aufs Bremspedal!
Verloren habend Haltung,
schimpft er auf Stadtverwaltung
wegen Ampelschaltung,
zischt Kurzbegriff für Stalldung ...

„Verrückter Mensch, warum die Wut?
Mir passt Gemütlichgehn ganz gut!"
belehrt von oben unsern Mann
das grinsend´ Pferd -- nun nebenan.

Es wurde schon immer (?) verlangt, dass auch bei Grün kurz
nach links und rechts geblickt wird. Ebenso wird der „Tun-
nelblick" auf der Vorfahrtstraße bemängelt.
Wenn es nur zwei Möglichkeiten gäbe, eine Kreuzung zu
überqueren: bei Grün mit Scheuklappen oder bei Rot mit Seitenblick, welche wäre ungefährlicher?
„Die zweite" lautet die Antwort - aber nur in Bezug auf die
Scheuklappen.
(Wie sagt doch der Fernsehonkel: „Bitte, Kinder, macht das
nicht nach!")

Eine Idee:

Die Fußgänger haben Rot. Sie stehen an einer geraden, schmalen Einbahnstraße. Die Sicht in die Richtung, aus welcher der Verkehr kommen wird, jetzt aber keiner kommt, beträgt mindestens hundert Meter. -- Was machen nun die Leute? Sie gehen mit mehr oder minder schlechtem Gewissen hinüber, ungefährdet und ohne den Fahrzeugverkehr zu behindern, da ja weit und breit keiner kommt.

(Beispiel in Heidelberg: von Straßenbahnhaltestelle zum Hauptbahnhof).

Da seh ich im Geiste neben der Ampel ein kleines grünes Dreieck mit der Spitze nach unten. Das Grün bedeutet: „du darfst gehen". Die Form bedeutet: „nur unter Beachtung der Vorfahrt". Damit würde sich am Verhalten der meisten Fußgänger kaum etwas ändern, es würde nur legalisiert. Und den Leuten wäre das schlechte Gewissen genommen.

Nur unter den eingangs geschilderten Bedingungen dürfte das Schild angebracht werden, und Kinder unter acht Jahren dürften hier bei Rot nur in Begleitung Erwachsener die Fahrbahn überqueren. Die Eltern müssten eben ihren Kindern diese Ausnahmesituation erklären.

Soll jetzt also die Autorität des absolut wichtigsten Lichtzeichens „Rot" durch ein kleines, unscheinbares Schild untergraben werden? Ist das nicht eine Todsünde?

Doch den Sündenfall haben wir schon hinter uns: den grünen Pfeil für Rechtsabbiegen bei Rot. („Ist der Ruf erst ruiniert, lebt es sich ganz ungeniert.") Die Gefahr bestünde allerdings, dass im Lauf der Zeit immer weniger unterschieden wird zwischen Ampeln mit und Ampeln ohne Schild. Vielleicht ist´s doch nur eine Schildbürger - Idee ...

Nach der Beschwerde eines Fahrlehrers (hören die denn nie auf!) verfasste ich folgende

Stellungnahme zum Anfahren im falschen Gang in eine Straße mit be-vorrechtigtem Querverkehr.

1) Es besteht eine große Wahrscheinlichkeit, daß der Motor nach weni-gen Metern abgewürgt wird und der Wagen manövrierunfähig quer zum Verkehrsfluß steht.

Selbst wenn nun auf längere Sicht kein Verkehr naht, wird es dem Prüfling kaum gelingen (zumal er sich von dem Schreck erst erholen muß), schnell genug den Motor wieder zu starten, den ersten Gang einzu-legen und das Fahrzeug aus der Gefahrenzone zu bringen.

Deshalb muß nach dem ungewollten abrupten Halt der Fahrlehrer selbst den Wagen schnellstens wegfahren. Ob ihm das in aller Eile gelingen wird (der Prüfling blockiert vielleicht), weiß er von vornherein nicht, also muß er schon das Anfahren zu Beginn verhindern.

Ergebnis: Prüfung nicht bestanden, da „ein Eingreifen des Fahrlehrers erforderlich war".(Prüfungsrichtlinie vom 22.1.1987).

2) Einige andere Formen erheblichen Fehlverhaltens, das „trotz sonst guter Leistungen" zum Nichtbestehen führt, sind in der Prüfungsrichtli-nie aufgeführt, zum Beispiel:

grobe Mißachtung der Vorfahrt- und Vorrangregelung,

endgültiges Einordnen zum Linksabbiegen auf Gegenfahrbahn,

Fahrstreifenwechsel ohne Verkehrsbeobachtung.

In keinem dieser Beispiele unfallträchtigen Verhaltens wird für die Ent-scheidung des Prüfers konkrete Gefährdung zur Bedingung gemacht! Zu Recht, denn die zufällige Verkehrslage würde sonst mitbestimmen, ob der Prüfling die Fahrerlaubnis bekommt.

3) Fälle, in denen der Prüfling schon beim leichten Anrollen merkt, warum der Motor nicht richtig „zieht", und er den Fehler korrigiert, sind hier natürlich nicht gemeint.

Nicht-Merker aber müssen nachgeschult werden!

Doch nun der WAHNSINN, mit dem der Gesetzgeber im Jahr 1972 das Land beglückte (der Spuk ist längst wieder ver-schwunden):

Er wollte plötzlich nicht mehr wissen, ob die Fahranfänger schalten können.

Ganz wohl war ihm dabei aber nicht, sonst hätte er nicht verlangt, dass wenigstens 6 „Schaltstunden" absolviert und vom Fahrlehrer bescheinigt werden müssen.

Damals schrieb ich:

Um ermessen zu können, wie wichtig richtiges Schalten für die Verkehrssicherheit ist, seien im folgenden einige Schaltfehler aufgezeigt, deren mögliche Folgen sich jeder selbst ausmalen kann:

a) Gefühlloses Einkuppeln (Losschießen) beim Anfahren, z.B. an unübersichtlicher Stelle, wo langsames Herantasten geboten wäre

b) Zurückrollen beim Anfahren

c) Überholen im falschen Gang auf Straße mit Gegenverkehr

d) Einfahren in Vorfahrtstraße oder Autobahn im falschen Gang

e) Zurückschalten in kleinen Gang bei hoher Geschwindigkeit

f) Ablenkung der Aufmerksamkeit vom Verkehrsgeschehen durch Unsicherheit beim Schalten und durch Konzentration auf Kupplung und
. Schalthebel. Schon die Geradeausfahrt kann dadurch gefährlich beeinträchtigt werden.

Würde der Gesetzgeber in §11b StVZO eine „Schriftliche Erklärung" des Fahrlehrers verlangen, daß der Prüfling das Schaltgetriebe verkehrssicher beherrscht, würde zwar der Grundsatz durchbrochen, daß der Lehrer lehrt und der Prüfer prüft, doch könnte ich als Prüfer damit einigermaßen leben (wenn ich mir nicht zuviel Gedanken darüber mache, wie es mit der Neutralität bzw. Unvoreingenommenheit des Fahrlehrers gegenüber seinem Kunden bestellt ist).

Aber nein: man will noch nicht einmal wissen, ob der Neuling schalten KANN, sondern nur, ob er mit Schaltgetriebe ausgebildet wurde. Und um die Groteske zu vollenden, wird eine lächerlich geringe Dreiviertelstundenzahl (in Worten: sechs) verlangt, wo doch schon der Nichtfach-

mann weiß, daß sie unmöglich ausreicht, um einigermaßen schalten zu lernen.

Ein automatisches Getriebe ist also nach §11b StVZO für die Prüfung erlaubt, obwohl es ein Hilfsmittel allerersten Ranges ist, das dem Bewerber die Prüfungsfahrt erleichtert. Warum wohl raten Fahrlehrer schwachen Kandidaten, die sie „durchbringen" wollen, die Prüfung auf Automatik abzulegen?!

Im Vergleich dazu: nach VdTÜV-Merkblatt sind z.B. Bordsteinfühler ein unerlaubtes Hilfsmittel im Sinne von DV-Fahrlehrergesetz.

Natürlich kann, wem Schaltgetriebe ein Fremdwort ist, die Prüfung auf „Automatik" ablegen, muss sich dann aber die Fahrerlaubnis wieder beschränken lassen auf Kraftfahrzeuge mit automatischer Kraftübertragung. - Doch wehe, er vergreift sich dann an einem Schalthebel.

Die kürzeste Prüfungsfahrt fand auf Automatik statt:
Motor anlassen, Gas geben, Wählhebel von P (Parkstellung) über R (Rückwärtsgang!):
Dicht hinter uns stand die Mauer. (Es hätte auch eine Person, ein Kind sein können!)

Das Auto ist bei falscher Bedienung gefährlich wie eine Schußwaffe, schon beim unfreiwilligen, d.h. unkontrollierten Start. (Es hat sogar mehr Breitenwirkung.)
Beim Start mit Automatik muss zuerst der Fuß aufs Bremspedal, dann darf die Hand an den Wählhebel. Beim Start mit Schaltung während des Anlassens das Kupplungspedal treten. (Leerlaufkontrolle ist unsicher.) Der Fahrer darf schon garnicht anders können, er muss das gewohnheitsmäßig machen (Automatismus!) Noch bevor der Motor läuft, muss „im Blick des Prüfers" demnach sein: bei Automatik der Bremsfuß, bei Schaltung der Kupplungsfuß.

Der Start ist geschafft, der Wagen rollt - aber er will nicht so richtig. Bald sagt der Fahrlehrer: „Da hält uns einer hinten fest?" - weil er sich nicht zu sagen traut: „Mach die Handbremse auf!" Eigentlich müsste der Prüfer jetzt die Fahrt wegen mündlichem Eingriff des Fahrlehrers beenden, aber er ist ja kein Unmensch (ja, das muss auch einmal gesagt werden).

Wenn „vergessen" wurde, die Handbremse zu lösen, oder wenn sie nur halb gelöst wurde mangels Übung, kamen meistens später noch andere Fehler hinzu - vielleicht Überfahren einer durchgezogenen Linie oder zu dichtes Vorbeifahren oder nicht Halten beim Stopschild, oder....

Da wir nun beim Stopschild angelangt sind, will ich gestehen, daß ich´s privat nie gemocht habe und auch heute noch nicht liebe, es ist gegen die Natur.

Für den „Dienstgebrauch" hingegen war es mir nicht unsympathisch, denn es hat mir immer wieder langwierige Begründungen für Nichtbestehen erspart. „Die Räder müssen stehen!" schärfen die Fahrlehrer ihren Schülern ein. Das zu erreichen, erfordert starke Disziplin (was für die Verkehrserziehung nicht schlecht ist), besonders wenn man rechts abbiegen will und von links kein Verkehr kommt.

Genau diesen Fall habe ich in krasser Form in einer Busprüfung beim Rechtseinbiegen auf eine Umgehungsstraße erlebt. Die Sicht nach links konnte nicht besser sein, weit und breit kein Verkehr, aber das in der Sonne leuchtende Stopschild war schon von weitem zu sehen.

Und was macht mein Fahrer? Er biegt zügig ein, so wie es ohne diesen „Stolperstein" ganz normal und vernünftig gewesen wäre. Das Neinsagen hat mir in diesem Fall besonders weh getan, zumal die Fahrt bis dahin fehlerfrei gelaufen war.

Hätte ich hier eine Ausnahme gemacht, wäre mir in der Folgezeit bei jedem negativen Entscheid wegen leichten Durchrollens zum Hohn dieses Stopschild erschienen.

Fahrer von Reisebussen, Hand aufs Herz! Grüßt ihr den „Geßlerhut" immer auf die rechte Weise- oder nur halbherzig?

Da ich als Führerscheinprüfer wegen menschlicher Behandlung Psychologe sein muss, versuche ich, das Nichthalten psychologisch zu erklären.

Das Schild erteilt zwei Befehle: erstens halten und zweitens Vorfahrt gewähren. Weil aber der zweite ungleich wichtiger ist (es geht um Leben und Tod), verdrängt er im Bewusstsein den ersten. - Der Polizeibeamte würde aber wohl sagen, eine solche Ausrede habe er noch nie gehört.

Gegen Ende meiner aktiven Zeit hab ich in der Dienstbesprechung vorgeschlagen, ein fast unmerkliches Rollen nicht als alleinigen Grund fürs Nichtbestehen zu nehmen. Der Chef hat diesen Vorschlag - Wunder über Wunder! - angenommen und entsprechende Anweisung herausgegeben. Damit war ein jahrzehntelanges Dogma gekippt.

Eines muß ich noch loswerden, bevor wir das Kapitel Stopschild verlassen: wer außerhalb einer geschlossenen Ortschaft, d.h. wo zügig gefahren wird, an übersichtlichen Stellen Stopschilder aufstellt, produziert Auffahrunfälle! Wer hier rechts einbiegen will, schaut frühzeitig nach links, während er zügig heranfährt, sieht, dass die ganze Strecke frei ist - und ach du Schreck, da steht ja ....Krach!!

Nach dem ausgiebigen Halten kommen wir endlich zum Fahren, und das besteht aus Geschwindigkeit. Fangen wir mit der vom Gesetzgeber zugelassenen niedrigsten, der Schrittgeschwindigkeit, an. Da jeder Fahrer auch Fußgänger ist, müsste er sie ohne Tacho schätzen können. (Doch das fahrende Volk schätzt sie nicht.)

Das Argument „mein Tacho zeigt das doch garnicht an!" läuft somit ins Leere.

HANDSCHUHSHEIMER SAGE

Im Jahre 1999 begab es sich, daß einer der letzten noch in den Tiefen des Stadtwalds hausenden Riesen vom Berge herabstieg.
Mit fünf Schritten brachte er den verkehrsberuhigten Bereich in der Mühltalstraße hinter sich, wobei seine rechte große Zehe einen vorausfahrenden Wagen demolierte. Das veranlaßte die Stadtverwaltung Heidelberg, eingedenk ihrer Obhutspflicht für die Autofahrer, diese durch Anbringen von Hinweisschildern zu ermahnen,
mit Schrittgeschwindigkeit zu fahren.....

Die Befürworter der Schrittgeschwindigkeit (§42 StVO) sollten einen Selbstversuch machen. Dann würden sie erleben, wie schnell die Tachonadel auch beim besten Willen und gehöriger Konzentration auf die 20 steigt. Das ist schon das Dreifache des Erlaubten und immer noch nerventötende Schleicherei.
Und warum müssen in dem Bereich, wo der Verkehr beruhigt sein soll, fürs Parken besondere Flächen gekennzeichnet werden? Vieleicht damit der Verkehrsfluß nicht behindert wird und die Autos zügig durchfahren können? Es müsste doch genügen, nach den allgemeingültigen StVO - Regeln parken zu lassen! Der eine oder andere Falschparker würde die angestrebte Schrittgeschwindigkeit sogar begünstigen, wenn nicht gar erzwingen.
Der Gesetzgeber erlaubt hier „überall" Kinderspiele, und der Volksmund macht flugs „Spielstraße" daraus. Dass sich Viele über diese Bezeichnung aufregen: „ Es ist KEINE Spielstraße!" - spricht für ihre Vernunft und ihr gesundes Empfinden[5].

---

[5] was beim Gesetzgeber hier mit der Laterne gesucht werden muß

„VERKEHRSBERUHIGTER" BEREICH

Ob jung, ob alt, laut oder leise, sie fahren halt nach alter Weise
mit heil´ger Unschuld im Gesicht und achten Schrittes Tempo nicht.
Sie grüßen nicht den Geßlerhut:
sieht´s nicht der Frießhart⁶, fährt sich´s gut.
 Doch führe einmal einer Schritt, und wir zu Fuß da schritten mit,
begehrte in erhöhtem Maße das Abgas Einlass in die Nase
und setzte frech sich in die Brust, so dämpfend unsre Lebenslust!
Drum Radar-Frießhart, bleib zu Haus, so kommen wir am besten aus.

Nicht der Radarmann (der nur seine Pflicht tut,) sei „derbleckt", sondern die, welche „mit heil´ger Unschuld im Gesicht" das wahrlich nicht zu kleine blaue Vorschriftzeichen
total ignorieren, das den herankommenden Kraftfahrern ent-
gegenbläut (Blau beruhigt??)-- und ebenso für Radfahrer gilt!

Wir verlassen nun, dem übrigen Verkehr die Vorfahrt lassend!
den leidigen Bereich und fahren in die „Zone 30".Als diese
eingeführt wurde, müssen sich die Schilderhersteller doch sehr
gefreut haben ob der vielen neuen großen Schilder, die jetzt
benötigt wurden!
Aber nun meine Idee:
Wer in der Ortschaft von der Durchgangsstraße (Vorfahrtstraße) abbiegt, kommt automatisch in die Zone 30. Er fährt
jetzt solang mit 30, bis er an ein „Vorfahrt gewähren"- oder
Stopschild kommt, ab dann wieder mit 50. Dafür wären keine
speziellen Schilder nötig.[7] ---

---

⁶ Wächter d. Geßlerhuts in „Wilhelm Tell"
⁷ die Schildermacher beten aber auch ums tägliche Brot

Ich fahre mit bis zum Ortsende. Dieses wird angezeigt durch die linksstehende Ortstafel.

Ab hier dürfen wir 100. Nehmen wir aber an, es wären zunächst nur 50 erlaubt, wird das meistens durch ein Schild rechts, also auf der gegenüberliegenden Straßenseite angezeigt. Warum so umständlich! Die Ortstafel sagt 100, das runde Schild läßt nur 50 zu.

Würde man dieses am Pfosten der Ortstafel anbringen, wäre kein Weitwinkelblick der Fahrer notwendig, es könnte nicht übersehen werden - übersehen wie z.B. am Ausgang von Heidelberg-Wieblingen in Richtung Stadt. Es stand neben der Haltebucht für den Omnibus und wurde regelmäßig von ihm verdeckt. Nachdem ich 1992 der Stadtverwaltung vorschlug, das Schild bei der Ortstafel anzubringen, hat sie schnell reagiert und es mit dieser vereinigt.

(Das geschah innerhalb eines Mikro-Heidels.[8])

Bevor wir uns nun den höheren Geschwindigkeiten zuwenden, soll daran erinnert werden, dass gute Gewohnheiten (Automatismen) die besten Freunde des Fahrers sind - und schlechte die größten Feinde.

Je mehr automatisch (gewohnheitsmäßig) richtig gemacht wird, desto mehr Energie bleibt dem Gehirn, um mit nicht-alltäglichen Situationen fertig zu werden.

Ein Stau auf der Autobahn wird in der Regel angekündigt. Es kann aber auch sein, dass er sich spontan bildet: das Stau-

---

[8] So, wie im Weltraum Entfernungen in Lichtjahren gemessen werden, messen Lokalpatrioten Heidelberger Handlungs-Zeiträume in „Heidel".

Ende kommt unheimlich rasch auf einen zu! Jetzt kommt es auf jeden Meter Abstand an, den man vorher zum Vorausfahrenden hatte.

Den kürzestmöglichen Abstand könnte ich einhalten, wenn ich pausenlos auf die Bremsleuchten des „Vordermanns" starren würde und auf eine Vollbremsung gefasst wäre. Da ich aber möglichst stressfrei fahren will, muß die Strecke hinzukommen, die mein Wagen zurücklegt, während mein Blick gelegentlich zwei oder drei Sekunden über die Landschaft streift. „Guck, der schöne Ort da drüben am Berg..." „Schau auf die Straß´!" mahnt meine Frau.

Dann ich: „Schlaf doch ein bißchen, du bist so früh aufgestanden!" Das bringt sie aber (trotz meiner ruhigen Fahrweise) nicht fertig: sie fährt mit.

Es ist sicher dem „Blick des Prüfers" zu verdanken, dass ich in all den Jahren, als ich beruflich allein unterwegs war, keinen Unfall baute - aber ich sage auch „Gott sei Dank!"

Wenn ich zur Theorieprüfung in eine Fahrschule kam, ermahnte ich die wartenden Fahrschüler in kurzen Begrüßungsworten, das Kapitel nach bestandener Prüfung nicht als erledigt zu betrachten, und sie sollten ihre eigene Fahrweise kritisch beurteilen, anstatt über andere zu schimpfen. „Jeder sein eigener Prüfer!"

Zwei Möglichkeiten gibt es, den Sicherheitsabstand einzuhalten:

1) Die direkte Methode „halber Tacho", korrekt: halbsoviele Meter Abstand halten, wie der Tacho in km/h anzeigt. Voraussetzung ist das Gefühl für Abstände, das der Anfänger erst noch entwickeln muß, indem er das Schätzen von Entfernungen übt; entweder als Fußgänger mit Meter- oder Halbmeterschritten, oder vom Führersitz aus visuell mit Hilfe der Lehr-

person (jetzt habe ich beide Geschlechter in einem Wort, ist das nicht genial[9]?)

2) Man merkt sich einen Punkt, an dem der Vordermann gerade vorbeifährt, und zählt 2 Sekunden -- . Das will ich aber nicht näher erklären, da ich diese Methode für ungenau und umständlich[10] halte! Wo finde ich schnell einen Punkt, vielleicht sind da gleiche Punkte hintereinander - welcher war's doch gleich? Und die Zählgeschwindigkeit ist beeinflusst von der Geschwindigkeit, mit der man sich bewegt, sicher auch vom Temperament des Zählers - es gibt Phlegmatiker, Choleriker,Sanguiniker und Melancholiker. --Also wenn es einer gern umständlich, aber richtig macht: lasst ihm sein Vergnügen.

Ich aber sage euch: halber Tacho, Punkt

Die Methoden hatte ich als Prüfer für die Fahrerlaubnis nicht zu prüfen, nur das Ergebnis. Da sie aber in meinen Blick geraten sind, mussten sie „derbleckt" werden. Ebenso geht es den in Lehrbüchern genannten 3 Pkw-Längen bei 50 km/h. Warum nur 3 und nicht 4? Bezweckt sind 15 Meter, das wären 3 Fünfmeterwagen. Was stellt sich Otto Normalverbraucher aber vor? Drei Golf oder kleiner, und schon haben wir nur noch 10 Meter, die durch schlechtes Abschätzen noch verkürzt werden....

Ein Nachfahre deutscher Dichter,
ein dichter Deutscher,

---

[9] das Wort

[10] Man kann nach dem Stand der Sonne und dem eigenen Standort (Breiten- u. Längengrad) die Zeit bestimmen
-- oder man schaut auf die Uhr.

dachte so vor sich hin,
er reagiere besonders schnell
(oder dachte garnichts?).
Das war kurz vor Reaktionsschluß.

Wer dem Vordermann nachfährt mit 100
oder 90 oder 80
Kilometern je Stunde
mit 10 Metern Abstand
oder 8 oder 9:
der macht sich
in der Schrecksekunde
ganz klein!

Eine Fahrschülerin fährt auf dem Motorrad voraus, hinterher
mit dem Auto der Fahrlehrer, der ihr über Funk Anweisungen
gibt. Plötzlich bremst sie stark und hält. Dem erschrockenen
Fahrlehrer, der sofort herbei eilt, sagt sie mit zitternder Stimme, eine Biene sei ihr in den Helm geflogen. Zum Glück für
das Mädchen hatte er reichlich Abstand eingehalten, obwohl
er mit einer solchen Bremsung nicht gerechnet hatte, da kein
äußerer Anlaß zu erkennen war.
  Es muss nicht eine Biene sein, es gibt auch innere Ursachen,
z.B. das Gefühl einer herannahenden Kreislaufschwäche oder
eines Herzinfarkts oder....
Zu wissen, DASS der/die Vorausfahrende Grund haben kann
für eine Notbremsung, genügt. (Aber nur, wenn man die Konsequenz daraus zieht.)

Bevor die Motorradausbildung und -Prüfung mit Funk eingeführt war, mussten die Fahrschüler hinterher fahren. Da ist es

schon vorgekommen, dass wenn sich ein anderer Wagen, der aussah wie der Fahrschulwagen, dazwischen gedrängt hatte, der Fahrschüler diesem folgte, bis er seinen Irrtum bemerkte. Und der Fahrlehrer durfte dann seinen „Zögling" suchen. Um so etwas zu vermeiden, sagten viele Fahrlehrer „bleib dicht hinter mir!"

Das muss ich kritisieren, weil so das dichte Hinterherfahren regelrecht eintrainiert wird.

Wenn ein Prüfling die Prüfungsfahrt schon auf diese Art begann, bat ich den Fahrlehrer, noch einmal zu halten, stieg aus und sagte zu dem Motorradfahrer, er solle hinter uns soviel Abstand halten wie hinter einem fremden Wagen; er brauche nicht zu befürchten, dass wir ihn verlieren.

In der Prüfung mit Funk gibt der Fahrlehrer die Weisungen des Prüfers per Funk an den vorausfahrenden Prüfling weiter. Einmal fiel mir auf, dass der Fahrlehrer jedesmal kurz vor dem Abbiegen den knappen Befehl „rechtsab!" - „linksab!" gab. Ich überzeugte ihn, dass es doch besser sei, mit wenigen Worten den Befehl anzukündigen, z.B. „wir wollen ---links ab." Der Fahrer muss sich visuell auf das Verkehrsgeschehen konzentrieren und nicht akustisch auf Befehle. Es genügt, wenn er erst dann „die Ohren spitzt", wenn er die einleitenden Worte hört.

Als noch der Motorradfahrer hinterher fahren musste, konnte ich feststellen, ob er nicht nur die Fußbremse betätigt, sondern auch die (wichtigere) Vorderradbremse. Das war beim Vorausfahrenlassen nicht mehr möglich. Deshalb ließ ich ein Stückweit hinterher fahren, damit ich sehen konnte, ob seine rechte Hand bei Bremsungen und bei Bremsbereitschaft (rechts vor links) an den Handbremshebel ging. Und gleichzeitig war der Sicherheitsabstand zum Fahrschulwagen geprüft.

Mich an manches während meiner dreißigjährigen Berufszeit Erlebte zu erinnern ist oft nicht das reine Vergnügen. Ich glaube nicht, daß einmal die Zeit kommen wird, da ich nicht mehr im Traum Theorie prüfe oder eine Prüfungsfahrt mache.

Im Prüfraum sitzt eine Menge meist junges Volk, einige dicht beisammen: ob die gebetet haben „und führe uns nicht in Versuchung"? Wahrscheinlich nicht. Ich „setze sie auseinander", so gut es geht, damit sie nicht spicken, und wache auf - und schnauf!

Kürzliche Nachtfahrt (d.h. im Traum): Eine ältere Frau steigt ein, ich begrüße sie, und gleich macht sie die Handbremse auf, damit sie´s nicht vergisst, lässt den Motor laufen, während der Wagen leicht zurückrollt, fährt los ohne Umschauen....da wach ich auf. Hat *die* Glück gehabt!

Ich habe auch schon mehrfach geträumt, es sei schon spät am Nachmittag, und ich weiss nicht, wie ich die vielen restlichen Prüfungsfahrten heute noch bewältigen soll. Da fällt mir plötzlich ein, dass ich im Ruhestand bin und nicht mehr muss, ja garnicht darf: ich habe nicht mehr die Befugnis. Zur Erleichterung kommt aber gleich der Gedanke: „Ich kann doch , nachdem ich am Vormittag schon einige geprüft habe, die andern nicht fortschicken!" --- Da hilft nur das Aufwachen.

VERKEHRTE WELT

Früh aus dem Bett mußt du jahrzehntelang, es fällt dir ach so schwer!
Dann, armer Morgenmuffel, fährst du scheibenwischend, gähnend,
dich jetzt schon nach dem fernen Feierabend sehnend,
Schicksalsgenossen vor und hinter dir,
als Glied der Schlange im Berufsverkehr.
Doch beneidest du abends den Rentner am Biertisch,
sagt der dir kopfschüttelnd, er sei schon um vier frisch ---.

Zu wissen, dass auf mich ein Fahrschulraum voller Leute wartet, für die das ein wichtiger Tag ist, von denen die meisten einen Urlaubstag geopfert haben, das hat mich immer früh aus dem Bett getrieben.

Manchmal, vor allem in der Anfangszeit, musste ich mich zur Fahrschule durchfragen. Da ging mir´s ähnlich wie jenem Schulinspektor in einem Schwarzwalddorf. Der fragte einen Buben, der mit Schulranzen unterwegs war, nach dem Weg zur Schule. Und als er später in der Fragestunde von dem Kleinen wissen wollte, wo die badische Landeshauptstadt liegt, sagte dieser, nachdem er es nicht wusste:

„Un du häsch nidemol gwisst wo iiser Schulhus isch!“

Einmal kam ich zur theoretischen Prüfung in einem Hinterhof in einen Schuppen, der zu einer Fahrschule umfunktioniert war. Auf der Breitwand, die mit Lehrtafeln regelrecht tapeziert war, hatten die Prüflinge den versammelten Lehr- und Prüfstoff vor sich.

„Das ist doch für die Prüfung unmöglich, wir spielen hier keine Komödie - ich lass mich doch nicht zum Kasper machen, das muss weg!“ war meine Reaktion in Gedanken. Wie ich´s in Worten zum Ausdruck brachte, weiss ich nicht mehr. Der Fahrlehrer sagte, das habe noch kein Prüfer beanstandet - ob das nur eine Schutzbehauptung war? Und die Leute könnten das von ihrem Platz aus ja garnicht lesen. Ich las ihm aber aus weiterer Entfernung vor: Abstände, Abmessungen, zulässige Gesamtgewichte, Bedeutung von Verkehrszeichen.....

Er meinte dann: „Wie kann ich das in der Schnelle alles abdecken, und ich kann´s auch nicht wegreißen, das hält noch die Wand zusammen!“ Doch plötzlich hatte er den rettenden Einfall: „Dreht alle eure Stühle rum und setzt euch andersrum!“

Alaah, dann fangen wir an ...

Die Situation war im Laufe der Zeit in anderen Fahrschulräumen ähnlich, doch nicht so extrem: die Tafeln konnten leicht umgedreht werden, und die Prüflinge konnten ihre Richtung beibehalten.

Nachdem ich die Prüfbogen korrigiert hatte, trug ich zuerst die Ergebnisse in die Teilnehmerliste ein, um sicherzugehen, dass alles korrigiert ist. Dann gab ich bekannt, wer nicht bestanden hat, und gab diesen den Bogen, damit sie sahen, was sie falsch beantwortet hatten. Wenn da der Fahrlehrer dazukam, konnte mir´s nur recht sein.
Einmal gab ein Fahrlehrer die Nichtbestandenen bekannt und sagte, als ich den Eintrag in die Liste noch nicht fertig hatte, „Die andern haben bestanden." Jetzt war die Liste fast vollständig. Fast, denn ein Bogen fehlte. Der war unter meine Mappe gerutscht. Und prompt war der negativ, zur bitteren Enttäuschung einer Dame, die bei der voreiligen Frohbotschaft des Fahrlehrers gejubelt hatte. So kann es gehen, wenn einem - zwar gutwillig - ins Handwerk gepfuscht wird.

Bei Wertheim ein älterer beleibter (und beliebter) Schwabe, an den ich mich gern erinnere, auch weil er gut ausbildete, steht neben mir, während ich korrigiere. Prüflinge warten im Hof.
Ich leise: „Bringen Sie der Dame schonend bei, dass sie nicht bestanden hat."
Er laut: „Gerlinde! --- Gerlinde!! --- Herkomme sollsch! Durchgfalle bisch!"

In Mannheim sitzt nach der Theorieprüfung (kurz: Theorie) noch eine Achtzehnjährige wie bestellt und nicht abgeholt mit verheultem Gesicht im Prüfraum. Da ich sie anspreche, sagt sie, nachdem sie letztesmal die Wiederholung nicht bestand, sei sie von ihrer Mutter so arg fertiggemacht worden. Und weil sie seither solche Prüfungsangst habe, sei´s jetzt wieder schiefgegangen, sie traue sich nicht mehr heim.

Ich bot ihr an, mit ihrer Mutter zu sprechen, sie gab mir die Telefonnummer. Als ich anrief, meldete sich eine Männerstimme - die Mutter.

„Meine Dochterr lernt zu wenik, das kann man alles lerrnenn!" höre ich.

Je länger ich mit der Frau sprach (besser: auf sie einsprach) und ihr klarzumachen versuchte, sie vergröße das Übel nur noch, wenn sie mit ihrer Tochter so streng sei, desto weicher wurde ihre Stimme, und sie sagte schließlich, sie sehe das ein: „Sagen Sie ihr bittä, sie kann ruhik heimkommen!" Das ganze Büro grinste (denn ich sprach laut genug).

Ich klopfe mir heute noch auf die Schulter, wenn ich daran denke, was damals meine Beredsamkeit oder angewandte Psychologie fertigbrachte (allein durchs Telefon!).

Eine Frau, die wegen eindeutiger Fehler durchgefallen war, drohte sich zu beschweren, und ich sagte in meinem Leichtsinn „Richard-Wagner-Straße 2". Hinterher kamen mir aber doch Bedenken: Auch wenn ich im Recht bin und der Fahrlehrer mich unterstützt, bekomme ich Scherereien, als da sind: Stellungnahme mündlich und schriftlich, dastehen als Angeklagter...

Das musste verhindert werden. Ich bat den Fahrlehrer, die Frau zur Einsicht zu bringen, d.h. ihr die Fehler noch einmal zu erklären, und dass sie nach diesem Fehlverhalten unmöglich bestehen konnte. Würde sie sich beschweren, wäre das für mich Beweis, daß ihr das nötige Verständnis für den Straßenverkehr fehlt, und ich müsste sie *deshalb* zu einer medizinisch - psychologischen Untersuchung vorschlagen (im Volksmund „Idiotentest").

Ich muss den Fahrlehrer heute noch bewundern, wie er wohl durch seine Beredsamkeit oder angewandte Psychologie es fertigbrachte, die hartnäckige Frau zur Einsicht zu bringen. Denn sie hat sich nicht beschwert.

Jedes Jahr machten wir Mannheimer Prüfer eine Trainingsfahrt mit dem Omnibus, meistens in die Pfalz durch enge Winzerorte; aber nicht zur Weinprobe, die blieb dem Betriebsausflug vorbehalten. Halbstündlich wurde Fahrerwechsel gemacht, so dass jeder Kollege mindestens einmal drankam. Die Mitfahrenden sollten nicht die Landschaft genießen, sondern als Prüfer auch hier ihres Amtes walten. Jeder kreuzte auf einer Fehlerkarte --- nein, das darf ich nicht schreiben, denn Prüfer machen selbst ja keine Fehler!
In den Dörfern des Weingebiets geht es so eng zu, dass manchmal die Spiegel eingeklappt werden mußten, damit wir durchkamen. Die mitfahrenden Kollegen schauten dann seitlich hinaus und gaben dem Fahrer Anweisung, ob er mehr nach rechts oder mehr nach links lenken muss. In einer solchen Engstelle kam in den „Blick des Prüfers" dicht gegenüber ein kirchliches Plakat mit der großen Überschrift „NOCH IST ZEIT ZUR UMKEHR!" [11]

Einmal bei einer solchen Fahrt, als ich gerade selbst fuhr, wurde mir doch etwas flau in der Magengegend. Schon früh im Herbst war Schnee gefallen, doch die Straßen waren frei.
Ich fuhr zügig auf eine Ampel zu. Als ich noch ziemlich weit weg war, „sprang" sie um auf Gelb. Ich musste den Bus unbedingt zum Halten bringen - bei trockener oder auch nur nasser

---

[11] stimmt - aber zu Fuß

Fahrbahn kein Problem, doch gerade hier lag Matsch! Trotz meiner geringen Busfahrpraxis hatte ich´s aber geschafft. Und wenn nicht, hätte ein Engländer gesagt: „*It was too much!*" (*much* wird wie Matsch ausgesprochen und heißt „viel".)

Niemand wird sagen können, er habe zu viel (too much) gelernt und geübt, er habe zu viele Fahrstunden gehabt. Und so ist es auch kein Beinbruch, wenn nach nichtbestandener Prüfung noch ein paar Übungsstunden hinzukommen, in denen die vom Prüfer festgestellten Schwächen beseitigt werden können.

Ein älterer Fahrlehrer hat mir einmal vorgehalten: „Da war doch nichts Konkretes!" Darauf ich: „Aber es hätte konkret werden können, wenn hier und da ´was gekommen wäre."

Das war nach einem typisch unspektakulären Negativ-Ergebnis. Ach hätte es doch bei jedem Nichtschauen geklingelt! Wesentlich weniger Beschwerden wären zu beantworten gewesen, und es hätte nicht alles „im Blick des Prüfers" sein müssen - auch seine Ohren hätten zu tun gehabt. ---Ich muß mich da doch gleich korrigieren: sie *haben!* zu tun. Sie (sollten) hören, wenn der Fahrlehrer dem Prüfling Hilfe zuflüstert - damit der Mund dann das Nichtbestehen verkünden kann wegen mündlichem Eingriff des Fahrlehrers.

Als Kind hab ich von meinem Vater gehört, der Herr Kesselinspekter habe die Prüfung abgenommen. Wenn es damals nicht im Getriebe[12] gekracht hat, also seine Ohren nichts Unangenehmes zu hören bekamen, und immer schön rechts

---

[12] Getriebe waren damals nicht synchronisiert, z.B. im VW „Standard", in meinem Lloyd, in Lastwagen.

gefahren wurde, war die Prüfung bestanden. So ähnlich muss es gewesen sein.

Die Zahl der Dampfkessel nahm ab, und die der Autos zu. Im gleichen Maße gab es immer weniger Kesselinspektoren und mehr „amtlich anerkannte Sachverständige/Prüfer für den Kraftfahrzeugverkehr", kurz aaS/P.

Ob es „gut gemeint" war, Gedankenlosigkeit oder Betrugsabsicht? Ein „ohrenschonendes" Mittel ist in den Siebzigerjahren aufgetaucht, nachzulesen in meiner damaligen

AKTENNOTIZ

In Fahrschulwagen sind in letzter Zeit immer häufiger weiße Aufkleber angebracht mit der Aufschrift: „Vor Türöffnen umschauen!"

Diese sind meistens an die Innenseite der Fahrertür, teils auch ans Armaturenbrett oder Lenkrad geklebt. (Bei Fahrschule K. entdeckte ich kürzlich einen schmalen Streifen mit dieser Aufschrift am oberen Rand des linken Außenspiegels. Das habe bisher noch kein Prüfer beanstandet, meinte Herr K., als ich ihn vor der Prüfung bat, diesen Streifen zu entfernen.)

Wenn sich viele Fahrlehrer die Kontrolle über den Ausbildungsstand der Fahrschüler mit solchen Aufklebern erschweren, ist das ihre Sache. Unsere Sache ist es, die Prüfung durch solche Hilfsmittel nicht verfälschen zu lassen, zumal es um einen so wichtigen Punkt geht!

Der Prüfling hat bei der praktischen Prüfung in der Regel nur ein einziges Mal Gelegenheit, dem Prüfer zu zeigen, daß er die Tür so öffnet, daß eine Gefährdung anderer ausgeschlossen ist.-- Übrigens sehe ich zwischen mündlicher und schriftlicher Hilfe des Fahrlehrers keinen Unterschied; außer dem, daß der Prüfer, da nicht taub, den mündlichen Hinweis bemerkt, und daß andererseits der Aufkleber vom Aufkleber als „vom Verkehrsverlag R. angeboten" legitimiert wird -- oder bagatellisiert wird mit der Bemerkung „Da schaut doch keiner drauf."

Würden die Fahrlehrer diese Texte ihren Kunden nach der bestandenen Prüfung als Abschiedsgeschenk mitgeben, damit sie diese im Blickfeld des Beifahrers, der Beifahrerin anbringen, wäre das nicht nur nicht zu beanstanden, sondern lobenswert. (Ich will annehmen, daß das auch die Intention des Verkehrsverlags war, und nicht der Missbrauch.)

Warum auf der Beifahrerseite? Die mitfahrende Person hat oft keinen Führerschein, ihr ist nicht in vielen Fahrstunden der Automatismus des Umschauens (wie dem Fahrer hoffentlich) eintrainiert worden.

Aber wie übt man das Umschauen vor dem Türöffnen? Während jeder Fahrt wird unzählige Male abgebogen und nur einmal am Schluss ausgestiegen. So ist es im normalen Leben; man steigt auch aus, ohne dass jemand dazu auffordert. Ich habe den Verdacht, dass das Wort „aussteigen" den Umschau-Mechanismus auslöst, der Gebrauch dieses Wortes also keinen echten Test ermöglicht (und doch habe ich es immer gebraucht). Ein unverfälschter Test wäre z.B. gemacht, wenn man nach dem Einparken sagen würde: „Gehn Sie mal bitte ums Auto herum und schauen Sie, ob es richtig steht." Oder „Ich trete auf die Bremse, und Sie schauen bitte, ob die Bremslichter brennen." Es ist eine gute Idee der Fahrlehrer, die Tür mit der *rechten* Hand öffnen zu lassen. Dann wird der Fahrer fast genötigt, sich umzuschauen. Jedenfalls wird er dadurch ans Kopfdrehen erinnert, und es wird ihm erleichtert.

Während der Prüfungsfahrt rechts ranfahren lassen und aussteigen verlangen hat den großen Nachteil, dass dann der Prüfling meint, er sei durchgefallen, und vor Schreck nicht umschaut.

Zwei mir bekannte Tür-Unfälle muss ich hier unbedingt erwähnen:

1) Mein Vater bekam, als er über einen Parkplatz ging, eine Türkante direkt an die Kniescheibe - mit wochenlanger Nachwirkung.

2) Ein junger Mann hatte bei mir trotz guter Fahrt nicht bestanden, weil er danach ohne Umschauen die Tür öffnete. Sein Fahrlehrer erzählte mir später, er habe das, nachdem er längst den Führerschein hatte, wieder gemacht, und ein Mopedfahrer sei dabei tödlich gestürzt! Hätte ich ihm´s in der Prüfung durchgehen lassen, müsste ich mir ewig Vorwürfe machen!

Hier muss nun auf die Gefahren für radfahrende Kinder auf dem Gehweg hingewiesen werden!

Der vielzitierte Gesetzgeber hat in §2(5) StVO fürsorglich die radfahrenden Kinder von den Gefahren der Straße weggeholt und in die „Geborgenheit" des Gehsteigs verbannt.

Klingt das nicht gut? Doch der Klang täuscht, es hat nur ein Tausch von Gefahren stattgefunden:

1 Beifahrertür wird aufgerissen
2) Enge durch geparkte Fahrzeuge, Mülltonnen, Fußgänger
3) Fußgänger tritt achtlos zur Seite (was er ja auf dem Gehweg bisher konnte)
4) Aus einem Tor in der Hauswand, die direkt an den Gehweg grenzt, fährt ein Auto viel zu schnell soweit vor, bis der Fahrer nach links und rechts Sicht auf den Gehweg hat. (Er müsste sich unbedingt einweisen lassen!)
5) Die Aufsichtsperson (meistens die Mutter) muss auf der Straße fahren und kann das durch parkende Wagen verdeckte Kind streckenweise nicht sehen.

==================================

Man solle sich streng an die Prüfungsrichtlinien halten und „kein Steckenpferd reiten", kam regelmäßig die Mahnung vom Chef - womit er natürlich nicht nur Gerechtigkeit üben, sondern auch Beschwerden von Fahrlehrern zuvorkommen wollte.

Und Beschwerden kamen immer wieder. Dann musste der Prüfer seine Entscheidung (die er im Namen der Verkehrssicherheit getroffen hatte!) beim Chef rechtfertigen und meistens noch eine Stellungnahme schreiben. „Herr R, Sie sollen zum Herrn M. kommen!" Wenn ich das hörte, hätte ich am liebsten den ganzen Bettel hingeschmissen ...

Mein Chef hat einmal einen Beschwerdeführer als Querulant bezeichnet, da er auch anderen Prüfern Schwierigkeiten machte, hat sich aber viel zu viel mit ihm (auch mit anderen!) abgegeben.

Wenn man sich an die damaligen Prüfungsrichtlinien hielt, war es, als suche man Halt an einem wackligen Geländer. So versuchte ich (1983), dieses zu verstärken und fest einzubetonieren:

Vorschlag zur FEHLERBEWERTUNG bei Führerprüfungen:

Trotz sonst guter Leistungen führt zum Nichtbestehen der Prüfung:
1) Ungenügende Ausführung fahrtechnischer Grundaufgaben
2) EINMALIGES erhebliches Fehlverhalten = Verhalten, welches erheblichen Schaden verursachen kann.
*   Beispiele für erhebliches Fehlverhalten:*
2.1 Verhalten, das zur Vermeidung erheblichen Schadens ein Eingreifen des Fahrlehrers erfordert, auch wenn er NICHT eingreift.
2.11 Gefährdung einer Person oder Sache durch:
*   Erhebl. Unterschreiten d. Sicherheitsabstands z. Vorausfahrenden,*

Zu frühes Einscheren nach dem Überholen,

Erhebl. Überschreiten der durch Sichtweite

oder Straßenzustand

oder Witterung

oder Verkehr

gebotenen Geschwindigkeit,

Unkontrolliertes dichtes Heran- oder Vorbeifahren, d.h. ohne Blick auf die Engstelle (auch in Prüfhöfen),

Rückwärtsfahren mit Lastwagen oder Omnibus ohne Einweiser, d.h. ohne Sicherun nach hinten,

Rückwärtsfahren mit Pkw. ohne gleichzeitige oder unmittelbar davor erfolgte Sicht nach hinten (außer mit Einweiser),

2.12 Zurückrollen über 100 cm in der Steigung (auch in Prüfhöfen)

Anfahren über 100 cm versehentlich im Rückwärtsgang

oder versehentlich im Vorwärtsgang

Bewegen des Automatik-Wählhebels auf oder über Stellung „R" mit Fuß auf Fahrpedal

Fehlende Kontrolle, ob Verkehr nachfolgt:

vor dem Anfahren, Türöffnen, Überholen, Einordnen, Fahrstreifenwechsel,

vor dem Rechtsabbiegen nach Halt oder langsamer Fahrt, wenn für Radfahrer rechts Raum vorhanden, vor dem Rechtsabbiegen, wenn rechts Schienen oder Radweg,

vor dem Linksabbiegen, wenn links Schienen oder Radweg.

2.13 Nichtbeachten der Vorfahrt- oder Vorrangregelung

Nichtbeachten von Rotlicht, Vorschriftzeichen und Richtzeichen

3) Mehrfaches Vorkommen anderer Fehler.

KOMMENTAR zum Vorschlag „Fehlerbewertung bei Führerprüfungen":

Da erhebliches Fehlverhalten schon bei einmaligem Vorkommen zum Nichtbestehen führt, muß es vom Prüfer *zweifelsfrei* festgestellt sein.

Die Gefährlichkeit eines solchen Verhaltens ist nach der Prüfung dem Prüfling klarzumachen.

Sollte der Fahrlehrer versuchen, dieses Verhalten zu bagatellisieren oder gar zu rechtfertigen, oder unterläßt er einen absolut notwendigen Eingriff, begründet er Zweifel an seiner Eignung als Verkehrserzieher oder als Führer des Fahrzeugs und ist, wenn dies wiederholt geschieht, für Prüfungsfahrten abzulehnen.

Umstände, die ein an sich fehlerhaftes Verhalten in günstigerem Licht erscheinen lassen oder es gar entschuldigen, können vom Prüfer berücksichtigt werden.

======== Beispiele: ========

Wenn Fuß auf Bremspedal, kann kurzfristiges Unterschreiten des Sicherheitsabstands toleriert werden.

Rückwärtsfahren auf flachem Land, wo weit und breit kein Mensch zu sehen, ohne abzusichern: Übung in bewohnter Umgebung wiederholen lassen.

Nur Blick in den Innenspiegel vor dem Anfahren, Türöffnen, Überholen, Einordnen, Fahrstreifenwechsel, Abbiegen ist soviel wie *nicht* geschaut, d.h. erhebl. Fehlverhalten.

Wird nur Panoramaspiegel benutzt - als Ersatz für Umschauen und für Außenspiegel, ist dieser als Hilfsmittel, das dem Bewerber die Prüfung erleichtern soll, weder bei Ausbildungs- noch bei Prüfungsfahrten zulässig gem. §5 Abs.4 DV FahrlG.

Anfahren ohne Umschauen, wenn Hauswand, Gartenzaun oder ähnliches hinter dem Fahrzeug: Anfahren am Fahrbahnrand wiederholen lassen. Dasselbe gilt für Türöffnen.

Abbiegen: Ob Lichtzeichen für Radfahrer rot, spielt keine Rolle.

Vorfahrt: Überqueren unbeschilderter Kreuzung oder Einmündung von rechts mit breiter Querstraße ohne Seitenblick ist erhebl. Fehlverhalten. Mündet jedoch eine schmale Gasse ein, ist je nach Erkennbarkeit (z.B. durch parkende Fahrzeuge verdeckt) gegebenenfalls Wiederholung zu gewähren; ebenso bei einer Einmündung, die den optischen Eindruck einer Einfahrt macht.

=====================================

Meine bisherigen Ausführungen dürften deutlich gemacht haben, dass die Begriffe „abstrakte und konkrete Gefährdung" und „Schädigung" in der Beurteilung der Fahrweise eigentlich nichts zu suchen haben, da sie mögliche *Folgen* eines falschen Verhaltens sind. Leider spukt noch immer die abstrakte Gefährdung oder die abstrakte Gefahr in vielen Köpfen herum - sozusagen als Hirngespinst des Prüfers - „es war doch keiner da, der gefährdet wurde!"

In zwei Beispielen groben Fehlverhaltens, das in den aktuellen Prüfungsrichtlinien „trotz sonst guter Leistungen" zum Nichtbestehen führt, ist die abstrakte Gefährdung versteckt: in der groben Mißachtung der Vorfahrt - und Vorrangregelung und im Fahrstreifenwechsel ohne Verkehrsbeobachtung.

In einem Lehrgang (heute würde man sagen workshop) bei einem Verkehrspsychologen bezeichnete dieser das Ergebnis der Führerprüfung als eine Prognose:

Es wird wahrscheinlich gutgehen - oder man muss befürchten, dass sich ein festgestelltes schwerwiegendes Fehlverhalten in Zukunft wiederholt und es dadurch zum Unfall kommt.

Regelmäßig mussten auch Eignungsgutachten für Körperbehinderte gemacht werden; besonders umfangreiche in der Zeit, als die Contergangeschädigten das Führerscheinalter erreichten. Ich musste immer wieder bewundern, was die Techniker so alles konstruiert haben, um den armen Menschen mehr Bewegungsfreiheit zu verschaffen! (Von diesen spricht wohl keiner verächtlich über den technischen Fortschritt.)

Hier ein Beispiel von Beschränkungen und Auflagen für einen Mann, dessen Arme und Beine verkürzt und die Arme teilweise versteift sind   (im Jahr 1982)

A. Beschränkungen:
 1. Nur Kraftwagen bis 2,8 t z.G.
 2. Autom. Getriebe
 3. Bremskraftverstärker
 4. Fremdkraft - Lenkhilfe
 5. Lenkrad mit möglichst kleinem Durchmesser und
     Drehgabel
 6. Elektr. Fensterheber vorn
 7. Außenspiegel rechts und links elektrisch verstellbar
 8. Spez. Fahrersitz, elektrisch verstellbar
 9. Heckscheibenwischer und -wascher, falls Heckscheibe
leicht verschmutzt
10. Heckscheibenheizug
11. Alle Bedienungselemente handbetätigt ohne Loslassen des Lenkrads (den Händen angepaßt, kein Drehschalter)
B. Auflagen:
 1. Kein Anhängerbetrieb
 2. Wenn Beinprothese getragen wird, müssen Fahr - und Bremspedal steif abgedeckt sein.

Die Behinderten sind in der praktischen Prüfung mit ihrem umgerüsteten Wagen oft besser gefahren als die Andern. Wie ich von Ausbildern hörte, bekamen diese Leute mehr Fahrstunden „aufgebrummt" - vielleicht mehr, als zum Ausgleich für ihr handycap unbedingt nötig war. So fiel es mir auch nicht schwer, mein Urteil ohne Behindertenbonus zu fällen.

Verlassen wir die Behinderten, bleiben aber beim Bonus. Einen solchen sollte wohl die Tochter des Herrn Konsistorialrats X. bekommen, als welche der Fahrlehrer sie mir gleich zu Beginn der Prüfungsfahrt vorstellte. Da war ich schon sauer auf ihn, konnte es natürlich nicht zeigen, nahm mir aber vor, streng neutral zu sein und keine leichtere, aber auch keine schwerere Strecke fahren zu lassen. Es war doch wirklich dumm von dem Mann: wie konnte er denn wissen, ob ich eine Sym- oder Antipathie zu Konsistorialräten und ihren Töchtern habe. Als Tochter des Hilfsarbeiters Y. hätte er sie - nein, gewiss nicht!

Meine beiden Söhne kamen in ihrem Altersabstand von vier Jahren zur praktischen Prüfung. Beide Male schaute ich vorher im Dienstplan nach, welchen Prüfer mein Junge hat.
Dann sagte ich zu dem Kollegen etwa: „Nächsten Dienstag hat mein Sohn bei Ihnen praktische Prüfung" -- und machte eine Kunstpause, um dem Gedanken, der jetzt garantiert in ihm aufkam, genüsslich etwas Zeit zu lassen -- dann die Bitte: „Lassen Sie ihm nichts durchgehen, ich bezahle ihm lieber noch ein paar Stunden, das ist mir seine Sicherheit wert."
Und seinen Fahrlehrer beschwor ich, ihn nicht zu früh zur Prüfung zu schicken.
Nachdem dann die Prüfung bestanden war, gab es zunächst „begleitetes Fahren"--- mit wem wohl?

Meine Söhne zu prüfen konnte ich verhindern, aber nicht die „Konfrontation" mit etlichen Töchtern und Söhnen aus meinem Bekanntenkreis, der zum Glück nicht allzu groß war. Von denen wusste ich nicht, dass sie „den Führerschein machen", geschweige denn Tag noch Stunde. Plötzlich tauchte der eine oder die andere auf -- „na, dann soll's halt so sein!"

Doch angenommen, eine mit meiner Familie befreundete ältere Dame habe einen Unfall „gebaut", und die Zulassungsstelle verlangt von ihr, sich einer Fahrprobe zu unterziehen, von deren Ergebnis es abhängt, ob sie den Führerschein behalten darf. Lehne ich die Probe wegen Befangenheit ab, muss ich damit rechnen, dass sie beim Kollegen nicht besteht und deshalb den Führerschein abgeben muss Und dass sie mir dann den Vorwurf macht, ich hätte das doch irgendwie verhindern können - und die Freundschaft wäre beendet.
Oder eine andere Frau, die zum dritten Mal durchfällt, klagt: „Ich will doch nur meinen Mann zur Dialyse fahren!" oder „in der Klinik besuchen, die Bahnverbindung ist so schlecht!"
Ein Mann sagt, er könne nicht weitermachen, er habe schon soviel Geld in die Fahrschule getragen und als Prüfgebühren bezahlt und habe Frau und Kinder zu ernähren....
Alles in allem sind es Schicksale, die einen bedrängen!

Der Fahrlehrer hat als Erzieher seinem Schützling und der Allgemeinheit gegenüber mindestens soviel Verantwortung wie der Prüfer. In wochenlanger mühevoller Arbeit schafft er sein „Werk". Dann stellt er's dem Prüfer vor, der, nachdem er sich's kurz angeschaut hat, den Daumen nach oben oder unten hält. -- Jetzt ist aber der Dramatiker mit mir durchgegangen!
Die Prüfungsfahrt dauert neuerdings je nach Führerscheinklasse 45 bis 75 Minuten. Das kann einem wie eine Ewigkeit

vorkommen, ist aber im Vergleich zur wochen- oder monatelangen Ausbildung doch „kurz".

Dass der Meister sein Werk zunächst für gut hält und dass er das Nichtbestehen als persönlichen Mißerfolg empfindet -- und dem Erfolg gern etwas nachhelfen möchte, ist verständlich. Nachdem ein Fräulein[13] durchgefallen war, nahm es der Fahrlehrer aber nicht so tragisch, er sagte nur: „Man steckt eben nicht drin." Und darauf ich: „Sollen Sie ja auch nicht." (Lachen).

Da viele meiner Kollegen sich an die antiquierte Regel hielten: „Wenn der Fahrlehrer eingreift, ist nicht bestanden," statt an die neue, moderne und logischere: „Wenn ein Eingriff des Fahrlehrers *erforderlich* ist, kam immer wieder der Einwand: „Ich hab nicht gebremst!" Und darauf ich: „Sollten Sie aber!" (kein Lachen).

Das Ergebnis der Prüfung darf nicht von der Nervenstärke oder der Risikobereitschaft des Fahrlehrers beeinflusst oder abhängig sein, er sollte sich darüber freuen. Ich habe nach einem Eingriff -- soweit ich mich erinnere -- nie zu einem Prüfling gesagt, er habe nicht bestanden, weil der Fahrlehrer gebremst hat, sondern weil er wegen dem zu dichten Heranfahren bremsen musste. Und habe noch hinzugefügt: „Er hat mit dem Bremsen sehr lang gewartet, *ich* hätte an seiner Stelle früher gebremst!"

Was ist aber nun „zu dicht"? Wie wenig Dezimeter oder gar Zentimeter sind das?

Da greift mein Prinzip: „Würde ich mich getrauen, als erfahrener Fahrer mit meinem eigenen Wagen so dicht heranzufahren?" Wenn Nein, dann der Neuling erst recht nicht.

Um zu einem gerechten Urteil zu kommen, setzte ich mich links hinter den Fahrer, damit sich mir die wechselnden Situa-

---

[13] Damals waren noch nicht alle „Frau"

tionen etwa im gleichen Sichtwinkel darboten wie ihm. So konnte ich z.B. eher feststellen, ob eine durchgezogene Mittellinie überfahren wurde.

Ich gebe zu, dass das nicht der alleinige Zweck war: ich hatte auch die Füße des Fahrlehrers im Blick. Wenn sie in Pedalnähe waren und ich den Eindruck hatte, er sei jederzeit zum Eingriff bereit, war mir unwohl. Ich fragte mich: wenn er, der den Prüfling doch besser kennt als ich, diesem misstraut, wie kann dann ich ihm trauen und ihm den Führerschein geben!

Wenn Fahrlehrer (vor allem der jüngeren Generation) die Füße „bei sich" hatten, d. h. nicht in Pedalnähe, gab mir das ein gutes Gefühl - und dem Kandidaten eine höhere Chance, den Führerschein zu bekommen.[14]

Verweilen wir noch bei den Fahrlehrern und folgen dem Blick des Prüfers durch die juristische Brille auf eine Richtlinie, an welche sich die Prüfer der einheitlichen Fehlerbewertung wegen halten sollten, aber nicht dürfen!

Scenario: Prüfling, Fahrlehrer und Prüfer sitzen in der Fahrerkabine des Lastwagens, Sicht direkt nach hinten gleich Null.

Der Fahrer fährt zurück, ohne nach hinten absichern zu lassen. Lässt der Fahrlehrer das nicht zu und greift ein (was seine Pflicht als Führer des Fahrzeugs ist), ist die Prüfung gemäß der übergeordneten Richtlinie nicht bestanden. Das VdTÜV-Merkblatt 731 (oh, das kennt er vielleicht besser als der Prüfer!) verspricht ihm aber, wenn er nicht eingreift, bekomme sein Kunde noch eine Chance, die Prüfung zu bestehen, indem er das Rückwärtsfahren wiederholen darf.

Am 16. Januar 1985 schrieb ich dazu :

---

[14] aber bitte jetzt nicht im Schneidersitz, ich bin im Ruhestand

1) Rückwärtsfahren mit Lastwagen oder Omnibus ohne Absichern nach hinten bedeutet blind Fahren; ein Verhalten, welches *typischerweise gefährlich*[15] ist. Läßt der Fahrlehrer dieses zu, verstößt er als Führer des Fahrzeugs gegen §9 (5) StVO, er begeht ein *abstraktes Gefährdungsdelikt*.

2) Jede Chance, die Prüfung (doch noch) zu bestehen, die dem Prüfling zugestanden wird, gereicht dem Fahrlehrer bzw. seiner Fahrschule zum Vorteil, er wird somit begünstigt.

3) Das VdTÜV-Merkblatt 731 gibt dem Prüfling eine solche Chance, garantiert also auch dem Fahrlehrer einen Vorteil, wenn er ungesichertes Rückwärtsfahren zuläßt. Die Verfasser des Merkblatts machen sich somit der *Begünstigung, § 257 StGB,* schuldig: *Die Begünstigung ist als Beihilfe (§ 27 StGB) zu bestrafen, wenn sie vor Begehung der Tat zugesagt worden ist.*
Diese Zusage steht - offenbar unreflektiert - in diesem Merkblatt.

4) Läßt der Prüfer ungesichertes Rückwärtsfahren zu, macht auch er sich der *unterlassenen Hilfeleistung bei gemeiner Gefahr § 323 c)* schuldig. Daß es sich hier um eine gemeine Gefahr handelt, belegen die tödlichen Unfälle. (Allein im Rhein-Neckar-Kreis kamen in einem Jahr 5 Personen ums Leben durch ungesichert rückwärtsfahrende Lastwagen!)
Und daß hier die Hilfeleistung in der Verhinderung besteht und nicht erst in der Erste - Hilfe - Leistung, nachdem untätig abgewartet wurde, bis jemand überfahren wird, ist selbstverständlich.

Nicht nur die großen Wagen haben „tote Winkel":
Eine Fahrlehrerin erzählte, sie habe im VW-Käfer mit einer Fahrschülerin Rückwärtsfahren geübt und ihr etwas erklärt, während der Wagen eine Weile stand. Als es dann ans Rück-

---

[15] juristische Ausdrücke *kursiv*

wärtsfahren ging, habe sie am unteren Rand der Heckscheibe einen Mützenzipfel gesehen.

Hätte der Bub, der hinten herumspielte, keine Mütze auf dem Kopf gehabt oder eine ohne Zipfel: was wäre wahrscheinlich passiert?!

Seither steige ich immer erst aus (wenn´s auch unbequem ist), bevor ich zurückstoße, wenn ich zuvor im stehenden Wagen auf jemand gewartet und vieleicht Zeitung gelesen oder Musik gehört habe. Der Mützenzipfel erinnert mich daran.

=====================================

Nachdem wir uns mit dem Rückwärtsfahren beschäftigt haben, wollen wir endlich wieder vorwärts. Wir wollen vorankommen, dazu eignet sich am besten die Vorfahrtstraße. Damit es jedoch nicht eintönig wird, biegen wir rechts ab - aber nicht überstürzt: „Bitte die Zweite rechts ab!" Wenn mein Fahrer jetzt blinkt, wird es brenzlich, denn der andere, der aus der ersten Querstraße von rechts einbiegen will, meint wahrscheinlich, das Zeichen gelte ihm, und fährt los. Er könnte den Fehler unseres Fahrers ausgleichen, indem er uns vorbeilässt, da er sieht, daß unser Wagen nicht abbremst.

Wenn der Blinker nach dem Rechtsabbiegen nicht zurückgestellt wurde (was bei Motorrad - und Rollerfahrern leicht vorkommt), haben wir die gleiche Situation.

Als für motorisierte Zweiräder die Blinker noch nicht eingeführt waren, gab es dieses Problem nicht, denn die Hand wieder reinzunehmen hat noch keiner vergessen....

Ein türkischer Prüfling, der den Blinker nicht zurückgestellt hatte, soll auf die Frage des Prüfers, was denn so tickt, geantwortet haben: „Des werd dei Uhr sei."

Vor längerer Zeit hat mein früherer Chef einmal gemeint, es müsse doch eigentlich egal sein, ob zuerst geschaut und dann geblinkt wird, oder umgekehrt, denn das Einordnen erfolgt ja erst hinterher. Als ich ihm schon zustimmen wollte (er war schließlich mein Chef und schon länger in dem „Geschäft"), kam mir die Erleuchtung. Ich sagte: „Wenn ich einem andern Verkehrsteilnehmer rechtzeitig mein Abbiegen anzeigen soll, muss ich wissen, wo sich der befindet. Also muss ich zuerst nach ihm schauen."

Ein drastisches Beispiel für zu spätes Blinken erlebte ich auf einer Prüfungsfahrt:

Nach meiner Anweisung, links abzubiegen, blinkt mein Fahrer geradeaus schauend, und schon hören wir links hinter uns die Reifen quietschen. Der uns überholen wollte, musste annehmen, er sei übersehen worden, und wir zögen gleich nach links!

Man sollte immer wieder von außen kontrollieren, ob die Leuchten und Blinker am Fahrzeug funktionieren - aber nicht ganz so, wie es angeblich ein junger Prüfer (-lehrling) tat:

Er stand vor dem Auto mit der Mängelliste und rief: „Standlicht!" - trug ein: „geht". Dann „Abblendlicht!": „geht" „Fernlicht!" geht - „Blinker rechts!" geht - geht nicht -geht - geht nicht ---

Wir fahren weiter und begegnen den verschiedensten Verkehrszeichen. Wenn man der Prüfungsrichtlinie folgt, sie also ernstnimmt, gibt es deren wichtige und unwichtige. Wir sortieren also: wichtig - unwichtig - wichtig - unwichtig (einmaliges Nichtbeachten geht nicht - geht - geht nicht - geht)!

Beispielsweise haben wir ein Zeichen 222 vor uns, das rechts Vorbeifahren vorschreibt. Der Prüfling fährt aber links vorbei. Alles total übersichtlich, kein Verkehr weit und breit, also ohne „Folge einer möglichen Gefährdung", wie es im amtlichen Text steht.

Oder - unter gleichen Bedingungen - in der Ortschaft einmal 70 statt 50. - Oder: vieleicht, um einen Radfahrer zu überholen, oder aus Unachtsamkeit einmal über die durchgehende Linie (Zeichen 295). (Auch weiße Markierungen sind nach der neueren Prüfungsrichtlinie Vorschriftzeichen der weniger wichtigen Sorte, deren Nichtbeachtung nur in dem Falle einer möglichen Gefährdung zum sofortigen Nichtbestehen führt.) Jeder vernünftige Mensch (inclusive Fahrlehrer) sagt doch: „Vorschriften müssen befolgt werden - Punkt"

Stimme aus dem Ruhestand: Sachverständige, laßt euern Sachverstand nicht verbiegen!

In meiner damaligen[16] STELLUNGNAHME zur Gewichtung von Vorschriftzeichen ist eigentlich Alles gesagt:

Die ohnehin überhandnehmende Disziplinlosigkeit im Straßenverkehr würde noch gefördert, wenn in einem - ministeriell abgesegneten - Merkblatt unterschieden würde zwischen wichtigen und weniger wichtigen Vorschriftzeichen; zwischen Zeichen erster Klasse , deren Nichtbeachten zum sofortigen Nichtbestehen führt, und Zeichen zweiter Klasse, die - so prägt sich´s ins öffentliche Bewußtsein ein - nicht so wichtig sind.
Nichtbeachten eines Vorschriftzeichens geschieht nicht vorsätzlich oder mit Überlegung, ob dadurch eine Gefährdung entstehen kann, oder ob es ein „wichtiges" ist, sondern weil es vom Prüfling schlicht übersehen wird. Er hat offenbar noch keinen Blick dafür; typisches Beispiel für zu wenig Fahrstunden. Hat der Prüfling ein „zweitklassiges" Schild übersehen,

---

[16] 1984

muß angenommen werden, daß er an dessen Stelle auch ein „erstklassi-ges" übersehen hätte.

Übersieht der Prüfling ein Vorschriftzeichen, muß der Fahrlehrer als Fahrzeugführer eingreifen, wenn er sich nicht strafbar machen und die Qualifikation als Fahrlehrer (Verkehrs-erzieher und Vorbild!) nicht verlieren will.

Nun wird ihm bei einem Zeichen „zweiter Klasse" das Eingreifen er-schwert, ja fast unmöglich gemacht, da er sich dem Vorwurf des Fahr-schülers (seines Kunden bzw. Arbeitgebers) aussetzt, er habe ihm durch sein Eingreifen „den Führerschein vermasselt".

Spricht es sich herum, daß Fahrlehrer X „stur" eingreift und Prüflinge „deshalb" nicht bestehen, während Fahrlehrer Y durchfahren läßt und infolgedessen dann der Führerschein letzten Endes doch noch ausgehändigt wird: bei wem werden sich Aspiranten zur Ausbildung anmelden - bei X oder bei Y?

Richtlinien, die einerseits das Nichteingreifen begünstigen, ja geradezu erzwingen, und andererseits das pflichtgemäße Eingreifen bestrafen, sind sittenwidrig und müssen (dürfen!) nicht befolgt werden - sie dürften erst garnicht entstehen!

====================================

Ein weiterer Versuch, den Sachverstand zu verbiegen, war die Anweisung, bei der Vollbremsung des Kraftrads das Blockie-ren des Hinterrads nicht zu beanstanden, wenn das Fahrzeug in der Spur bleibt. Es ist eine physikalische Binsenwahrheit, dass die Haftreibung wesentlich stärker ist als die Gleitreibung. Eine Vollbremsung kommt bei vorausschauender Fahrweise kaum vor. (Es springt einem ja nicht jeden Tag ein Kind vor's Rad.) Ich könnte mir vorstellen, dass man von Zeit zu Zeit das extreme Bremsen auf einem freien Platz wieder übt, damit man's nicht ganz aus dem Gefühl verliert.

Als die Anweisung herauskam, das Blockieren nicht zu beanstanden, befürchtete ich schon, die Fahrlehrer würden daraufhin nur mit Blockieren ausbilden. Das taten sie aber vernünftigerweise nicht - schon um nicht dauernd neue Reifen kaufen zu müssen.

Einige Ganzschlaue stellten ihre Prüflinge auf einer Maschine vor, bei welcher die Vorder- und Hinterradbremse gekoppelt sind. Und der eine oder andere Kollege, dessen redliche Denkart nicht auf solche heimlichen Tricks eingestellt war (die gekoppelte Bremse war erst neu auf dem Markt), hat darauf die Prüfung abgenommen. Zur Entschuldigung der Prüfer muss ich aber anfügen, daß das unerlaubte Hilfsmittel der Maschine nicht anzusehen ist.

Der „Blick des Prüfers" muss demnach immer wieder nachgeschärft werden - wie eine Sense[17].

Die Maschine mit der gekoppelten Bremse wurde dann „von Oben" als Prüfungsfahrzeug gegen den angekündigten Widerstand der Herstellerfirma abgelehnt (der dann nicht kam). Dieses Motorrad wurde ja nicht wegen eines Mangels, sondern weil es zu gut ist, abgelehnt, da geprüft werden muss, ob der Fahrer Fahrzeuge beherrscht, die nicht auf dem neuesten Stand der Technik sind, und auf denen zu fahren er berechtigt ist. Dies gilt genauso für Autos.

Deshalb ist es für eine Fahrschule keine Empfehlung, wenn sie sich damit brüstet, die modernsten Ausbildungs- und Prüfungsfahrzeuge zu haben!

---

[17]schiefes Bild: Prüflinge sind keine (fallenden) Halme - und Prüfer keine Schnitter

Zurück zum Blockieren. Um einen Sturz zu vermeiden, ist die Seitenführung der Reifen wichtig. Die ist nur bei Haftreibung gegeben, d.h. solang das Rad sich noch dreht.

In einer Besprechung gab ich zu bedenken, was mit blockiertem Hinterrad in der Kurve oder auf nassem Kopfsteinpflaster (Basalt) geschieht.

Um Rückendeckung für meine Opposition zu bekommen, schrieb ich an BMW (1981).

Ich nehme an, daß die Firma nichts dagegen hat, wenn ich aus ihrem Antwortschreiben zitiere:

Die Ihres Wissens nach gemachten Angaben sind richtig.

Die Radlastverlagerung beim Bremsen hat auf die Bremsverzögerung keinen Einfluß. Der Haftbeiwert ist vorwiegend durch die Werkstoffpaarung (Reifen und Straße) der Reibpartner, ferner durch die Oberflächenstruktur und evtl. durch lose zwischen den Reibflächen befindliche Partikel oder Flüssigkeiten bestimmt. Ein hoher Haftbeiwert ist erwünscht zwischen Reifen und Fahrbahn. Der beste Haftbeiwert des Reifens auf der Fahrbahn wird nicht beim schlupflosen Abrollen, sondern beim Schlupf von 10 - 15 % erreicht, weil sich erst dann die Reifenstollen fest mit der Fahrbahn verkrallen. -------

Wenn mir in der Prüfung eine Blockierbremsung vorgeführt wurde, verlangte ich eine reifenschonende Wiederholung der Bremsprobe. Und wunderbarer Weise hat das immer geklappt. So ist mir eine weitere Beschwerde (Anklage) erspart geblieben.

Die richtige Dosierung beider Bremsen ist nur möglich mit Gefühl, nicht nur bei Vollbremsung. Auch das Vorderrad darf nicht überbremst werden.

Das alles gilt auch für Radfahrer:

Pfeilschnell saust auf Freilaufnabe
talabwärts ein frecher Knabe:
Vorgebeugt und ohne Klingel
nähert sich der kleine Schlingel...
Plötzlich sieht er auf dem Sträßchen
vor sich Gret und Beth, die Bäschen -
Weh! - Die Bremse bremst fast nicht,
doch sie kreischt gar fürchterlicht...
Und obwohl dies laute Kreischen
war kein amtlich Warnungszeichen,
sind die Basen schreckdurchdrungen
schnell zur Seit gehüpft, gesprungen,
blieben - sei bemerkt beineben -
unverletzt und auch am Leben.

Die Moral aus der Geschicht?
Fahre ohne Bremse nicht!

Als Vierzehnjähriger war ich kurz nach dem Krieg zur Erholung ein Vierteljahr in der Schweiz. Die Plakette mit Jahreszahl (für 2 Franken[18]) an jedem Fahrrad (excüssi: „Velo") ist mir noch gut in Erinnerung. Wenn der jährliche „Blick des Prüfers" mit dem Zustand des Rads zufrieden war, gab es die neue Plakette. Heute ist es eine Vignette zu fünf Franken, womit gleichzeitig die Gebühr für eine Haftpflichtversicherung bezahlt ist.

================================

---

[18] Eine Banane kostete 50 Rappen

Wechseln wir vom Zweirad auf Vier Räder und kommen zu einem bedrohlichen Kapitel, das aber letzten Endes doch noch gut ausging.

Ein neu eingeführter §15b StVZO verlangte von Kraftfahrern, die 14 Punkte in der Verkehrssünderkartei erreicht hatten, eine Fahrprobe mit einem Prüfer. Fiel diese positiv aus, war der Führerschein noch einmal gerettet, andernfalls ----.

Diese Leute wurden auf ihrem eigenen Wagen geprüft, ohne Fahrlehrer und ohne Eingriffsmöglichkeit, „da sie ja noch den Führerschein hatten." Wegen ihrem angereicherten Punktekonto musste von vornherein angenommen werden, dass es unsichere Fahrer waren, von denen sich die Prüfer durch die Gegend kutschieren lassen mussten, deren Fahrkünsten sie regelrecht ausgeliefert waren. So kam es oft zu gefährlichen Situationen.

Und prompt hat es einen meiner Kollegen erwischt. Sein Fahrer hatte eine Vorfahrt nicht beachtet, so dass es zum seitlichen Aufprall kam. Prüfer und Prüfling lagen danach im Krankenhaus.

Wenige Wochen danach traue ich meinen Augen nicht, als ich den Kollegen in einem dieser Risikowagen sitzen sehe. Wie ich ihn auf den Unfall anspreche, meint er, so eine Prüfung könne er nicht ablehnen, das wäre doch Arbeitsverweigerung.

Das war also das Ergebnis seines tagelangen Nachdenkens im Krankenhaus. Vielleicht hat´s ihm da gut gefallen[19]. (Dort war er wenigstens gut aufgehoben.)

Ich musste mit der Möglichkeit rechnen, dass ein Proband zur Fahrprobe einbestellt ist und ich der einzige Prüfer bin, weil alle meine Kollegen auswärts sind. Der Mann hätte dafür Urlaub genommen, sich geistig und seelisch für diese Belastungs-

---

[19] besser als beim TÜV?

probe vorbereitet - und hätte heimgeschickt werden müssen, wenn ich mich geweigert hätte, ihn zu prüfen.

Das musste auf jeden Fall vermieden werden! So bin ich zum Rechtsanwalt gelaufen und hab ihn gebeten, an das zuständige Innenministerium Baden-Württemberg zu schreiben.

Als Argumentierungshilfe gab ich ihm mein folgendes Schreiben:

Argumente gegen Fahrproben ohne Eingriffsmöglichkeit[20]

1) §15b verbietet nicht Fahrproben mit Fahrlehrer.

2) Was bezweifelt wird und deshalb überprüft werden muß (Eignung), soll von vornherein die Sicherheit von Prüfer, Proband und anderen Verkehrsteilnehmern gewährleisten. Ein Widerspruch in sich!

3) Belastung durch Prüfungsangst (Führerschein in Gefahr!) kann fahruntüchtig machen (analog Ermüdung, Krankheit, Alkohol usw.)

4) Prüfung ohne Eingriffsmöglichkeit gefährdet deshalb auch den Prüfling.

5) Schwierige, gefährliche Stellen bzw. Strecken können nicht gefahren werden, wenn der aaS/P sein (und des Prüflings) Leben nicht aufs Spiel setzen will.

6) Beweisschwierigkeit wegen 5)

7) Fahrprobe bei Fahrlehrerprüfung erfolgt mit Eingriffsmöglichkeit, obwohl ein Fahrleraspirant wahrscheinlich besser fährt als ein mit 14 Punkten Belasteter.

8) Die Verantwortung für die Sicherheit am Arbeitsplatz gem. §2(1) des Gesetzes über die Durchführung des Arbeitsschutzes kann dem Arbeitgeber von niemand abgenommen werden. Warum also muß der TÜV um Erlaubnis fragen?!

9) Sollte sich während der Fahrprobe Nichteignung oder Fahruntüchtigkeit (§31 StVZO) herausstellen: wie kann ohne Fahrlehrer der Rückweg bewältigt werden?

---

[20] Dezember 1982

10) Klage eines Probanden vor Verwaltungsgericht könnte sich nur positiv auswirken, da ein Urteil die oben angeführten Gründe nur bestätigen könnte.

11) Eine Anordnung, welche die Ausführenden einer leicht vermeidbaren Gefahr für Leib und Leben aussetzt, ist sittenwidrig und braucht deshalb nicht befolgt zu werden.

Da wollte es der Zufall, dass mein Vorgesetzter Dr. K. zu einer Besprechung im Ministerium war und dort gefragt wurde, ob ihm bekannt sei, dass einer seiner Prüfer einen Rechtsanwalt eingeschaltet hat. Man kann sich denken, dass er „aus allen Wolken fiel". Aber ich hatte ja sowohl in seinem Interesse als auch zum Wohl aller Kollegen gehandelt.

Er meinte dann, mit leichtem Vorwurf in der Stimme, ich hätte ihm das doch vorher sagen können, er wolle ja auch eine Änderung herbeiführen.

Irgendwo habe ich einmal gelesen, es liege in der menschlichen Natur, lieber einem Hindernis auszuweichen, als es aus dem Weg zu räumen (wohl aus Bequemlichkeit).

Jedenfalls sah ich für mich keine Ausweichmöglichkeit, und drum: Attacke![21]

„Der Anwalt war mein Streitross, und dem sollte niemand in die Zügel fallen, noch bevor ich es gesattelt hatte." Das sagte ich -- natürlich mit anderen Worten -- meinem Chef.

Aus dem Schreiben des Innenministeriums:

Sehr geehrter Herr Rechtsanwalt, ...das Innenministerium hat die Angelegenheit in der zurückliegenden Zeit auch mit den Vertretern der

---

[21] „Dem Schwachen ist sein Stachel auch gegeben" Wilhelm Tell

Länder und dem Bundesminister für Verkehr erörtert. Nach Ansicht der Länder und des Bundesministers für Verkehr ist für eine besondere Regelung für die Durchführung einer Fahrprobe kein Raum.

Die im Rahmen einer Fahrprobe zu begutachtenden Personen sind im Besitz einer gültigen Fahrerlaubnis, die zum Führen eines Kraftfahrzeuges der jeweiligen Fahrerlaubnisklasse berechtigt. Diese Personen sind somit bis zur Feststellung der Ungeeignetheit durch die zuständige untere Verwaltungsbehörde berechtigt, ein Fahrzeug ohne Fahrlehrer und ohne Doppelbedienungseinrichtung zu führen. Für diese Fahrzeugführer gilt weder §6 StVZO noch §3 StVG. §15b stellt zwar fest, daß die Fahrerlaubnis zu entziehen ist, wenn sich jemand als ungeeignet zum Führen eines Kraftfahrzeuges erweist. Dies bedeutet jedoch nicht, daß ein Kraftfahrer, der aufgrund seiner Vorgeschichte Zweifel an seiner Eignung aufkommen ließ, bereits zur Personengruppe der ungeeigneten Kraftfahrer gehört. Um die Eignung des Betroffenen zu prüfen, kann die Verwaltungsbehörde mehrere Maßnahmen nach §15b StVZO anordnen. In der Verwaltungsvorschrift zu §15 der StVZO sind für die mehrfach auffälligen Kraftfahrer besondere Eingriffsstufen vorgesehen. Mit diesen Eingriffsstufen soll beim Vorliegen ganz bestimmter Voraussetzungen geprüft werden, ob der Betroffene, der ja die Eignung zum Führen eines Kraftfahrzeugs durch die Ablegung der Fahrerlaubnisprüfung bereits nachgewiesen hat, noch geeignet ist. Bis zum Abschluß des Überprüfungsverfahrens ist somit der Fahrerlaubnisinhaber zum Führen eines Kraftfahrzeuges berechtigt. Erst durch Entscheidung der unteren Verwaltungsbehörde aufgrund der vorliegenden Gutachten der amtlich anerkannten Sachverständigen oder Prüfer wird über die Eignung oder Nichteignung entschieden. Das Innenministerium sieht aus den vorgetragenen Gründen derzeit leider keine Möglichkeit, von den zur Fahrprobe heranstehenden Fahrerlaubnisinhabern die Gestellung eines Fahrzeuges mit Doppelbedienungseinrichtung zu verlangen. Ebensowenig kann von diesen verlangt werden, daß die Fahrprobe mit einem Fahrlehrer durchgeführt wird.

Das Innenministerium verkennt nicht, daß durch die gegebene Situation in Einzelfällen für die amtlich anerkannten Sachverständigen und Prüfer *bei der Durchführung der Fahrprobe schwierige Situationen entstehen können. Das Innenministerium prüft z. Z. zusammen mit dem Technischen Überwachungsverein Möglichkeiten, inwieweit unter dem Gesichtspunkt der Arbeitsplatzsicherheit weitergehende Anforderungen an den Probanden gestellt werden können.*

Mit freundlichen Grüßen ....

Also Paragraphenfinsternis mit schwacher Trostfloskel.

Doch plötzlich ging die Sonne auf, sie ging im Norden auf! -- Aber nein, dort schien sie schon „seit einigen Jahren":

„In Anlehnung an das Verfahren im Bereich des TÜV Hannover, welches dort seit einigen Jahren mit Zustimmung der Aufsichtsbehörden praktiziert wird, ist ab sofort folgendermaßen vorzugehen:
Der Proband wird schriftlich aufgefordert, zu der von der Verwaltungsbehörde angeordneten Fahrprobe mit einem Fahrzeug mit Doppelbedienungseinrichtung und einem Fahrlehrer zu erscheinen........ "
„Nach dem Urteil des Bundesverwaltungsgerichts vom 28.11. 1969 (!) besteht für einen Fahrerlaubnisinhaber, der zur Beibringung eines Gutachtens über seine Fahreignung aufgefordert worden ist, nach allgemeinen Rechtsgrundsätzen eine Pflicht zur Mitwirkung an der Aufklärung des Sachverhalts. Diese Pflicht umfaßt auch die Erfüllung der vom Gutachter für die Begutachtung als notwendig gehaltenen Voraussetzungen, soweit sie sachgerecht und dem Probanden zumutbar sind. Unter diesen Umständen kann es nicht ausschlaggebend darauf ankommen, ob dafür im einzelnen eine Rechtsgrundlage besteht.
Es werden auch bei anderen Gelegenheiten von Gutachtern an Probanden Forderungen gestellt, die eine Begutachtung ermöglichen sollen, ohne daß dafür eine gesetzliche Grundlage besteht. Entscheidend ist, ob die Forderung sachgerecht und zumutbar ist. Das trifft für den vorliegenden Fall zu.

Das Gericht hat die Benutzung eines Fahrzeugs mit Doppelbedienungseinrichtung für sachgerecht gehalten. Es ist aber auch zumutbar, vom Probanden zu fordern, mit einem solchen Fahrzeug zur Begutachtung zu kommen. Diese Lösung ist zugleich die für den Probanden günstigste; denn er kann auf diese Weise bei der Begutachtung ein ihm vertrautes Fahrzeug fahren. "

(Auszug aus dem Rundschreiben meines Chefs vom 13. Juli 1983)

Ich verstehe nicht, warum niemand - z.B. in der Rechtsabteilung des Ministeriums - auf die Idee kam, zu sagen:
„Wenn zwei Rechte sich gegenseitig ausschließen: hier das Recht, selbständig ein Kraftfahrzeug zu führen, und dort das Recht auf körperliche Unversehrtheit als das stärkere, muss das schwächere weichen!"

Von einer ähnlich starren Haltung, wie sie in der Antwort des Ministeriums an meinen Rechtsanwalt zum Ausdruck kommt, war die Anordnung[22] geprägt, am Ende des Beschleunigungsstreifens der Autobahn müsse der Prüfling halten, wenn es ihm nicht gelinge, rechtzeitig auf die Fahrbahn zu wechseln. Zunächst plausibel, denn die Standspur ist zum Stehen da.
Doch wenig Phantasie gehört dazu, sich vorzustellen, was während dieses Stehens passieren könnte: Der Nachfolgende schaut, während er ordentlich beschleunigt, nach hinten und sucht eine Lücke, in die er sich einreihen kann. Er rechnet nicht damit, dass da einer steht, und ist schon auf achtzig oder hundert, bis er es (vielleicht noch) merkt - und braucht die Lücke nicht mehr. Auch der Steher nicht.

---

[22] wurde später entschärft

Ich hatte jedenfalls keine Lust, im Prellbock zu sitzen. Wenn wir am Ende des Beschleunigungsstreifens ankamen, rief ich dem Prüfling zu, er solle ausnahmsweise ein Stück Standspur mitbenutzen.

Wenn nun aber nichts passierte, wie sollte nach dem Halt weitergefahren werden, ohne auf der Standspur zu beschleunigen?![23]

Ein vom Prüfling ungewollter und auch von ihm unbemerkter Spurwechsel fand oft innerhalb der zweispurigen Linkskurve statt. Wir fuhren auf der linken Spur in die Kurve hinein - und auf der rechten hinaus, falls nicht der Fahrlehrer eingreifen mußte, weil die rechte besetzt war. (Auch ohne Eingriff habe ich das nie durchgehen lassen.)

Nach dem Eingriff schimpfte dann der Fahrlehrer: „Ich hab dir doch immer wieder gesagt, du sollst die rechte nehmen!"

Diese Ermahnung könnte er sich aber sparen, wenn er mit seinem Schützling die linke Spur mehrmals befahren würde und erst dann, wenn's wieder geradeaus geht, den Wechsel auf die rechte übt.

Kontrolliert vom linken auf den rechten Bogen zu wechseln ist wegen der Schwierigkeit, den rechtsfahrenden Verkehr zu beobachten, fast unmöglich. Ich verkenne nicht, dass es einen nach außen treibt je nach Geschwindigkeit und Enge der Kurve. Da hilft nur Übung!

Die Industrie arbeitet an einem Funksystem, das die Fahrer im nahen Umfeld warnt, wenn eine Kollision droht. Wenn z.B. ein Signal ertönte, würde der Fahrer gemahnt, nicht auszuscheren, wenn er ein überholendes Fahrzeug übersehen hat.

---

[23] Helicopter-Rotor ist für Prüfung nicht zugelassen

Und der Fahrlehrer würde an seinen Bremsfuß und seine Eingriffshand erinnert (die er nicht zum Abstützen am Armaturenbrett hat, oder um sich in der Aufregung schnell zu kämmen[24]).

Und der Prüfer, der da hinten drin sitzt, würde aus seinem Mittagsschläfchen gerissen und könnte mit schlaftrunkener Stimme widerspruchsfrei murmeln: „Nicht bestanden!"

Dieser Scherz hat seinen Grund in der Erzählung, einer meiner früheren Chefs sei einmal nach der Mittagspause während der Prüfungsfahrt selig eingeschlafen[25]. Der Prüfling fuhr und fuhr und fragte schließlich laut: „Wohin?" (Der Fahrlehrer sagte hinterher: „Hättest doch nichts gesagt und wärst einfach weitergefahren!")

Ganz am Anfang meiner Prüferlaufbahn[26] musste ich nach dem Mittagessen während der restlichen Fahrten mit der Müdigkeit kämpfen, es war grausam. (Wäre ich doch einmal im Kampfe unterlegen, hätte ich vielleicht Chef werden können.) Seither musste ich mittags immer mein Kännchen Kaffee haben und war hinterher munter.

Meine Prüftätigkeit brachte viel Abwechslung mit sich: nicht jeden Morgen am selben Ort zur selben Tür hinein (was auch Vorteile hat), sondern „andre Städtchen, andre Mädchen." Klingt das nicht romantisch? Doch erstens waren die Städtchen immer wieder dieselben - und bestanden aus Prüfstrecken, und diese aus Verkehrsschildern, Einbahnstraßen, rechts vor links, Ampeln ... Das waren die Sehenswürdigkeiten[27] des jeweiligen Orts - für mich.

---

[24] in einem Fernsehfilm gesehen
[25] hat seit Jahren seinen ewigen Schlaf
[26] Lauf-Bahn ist verkehrt, hab mich doch fahren lassen
[27] heute, im Ruhestand zu Fuß, sind es andere!

Zweitens die Mädchen: auch immer wieder dieselben - die alle das Gleiche von mir wollten: den Führerschein. Doch sie zeigten mir dauernd „die kalte Schulter," ich sah sie während der Prüfungsfahrten nur von hinten („im Blick des Prüfers"), und so fiel es mir nicht allzu schwer, als treuer Ehemann wieder heimzukehren.
=================================

Außer mit menschlichen Wesen hatte ich´s mit papierenem Unwesen zu tun. In den Prüfungsaufträgen vieler Ämter musste erst geblättert werden, um das für die Prüfung Wesentliche herauszufinden:
beantragte Klasse Ersterteilung, Erweiterung, Wiedererteilung, erste/zweite/dritte Prüfung. Theorie/Fahren: bestanden ja/nein, Energiesparbogen, Sehtest machen/entfällt.

 Da kam eines Tages ein neugestaltetes Blatt heraus, auf dem der Prüfer mit einem Blick erkennen konnte, was alles zu machen war, ohne erst wenden oder blättern zu müssen. Lang währte die Herrlichkeit jedoch nicht. In meinem Ärger schrieb ich auf das verschlimmbesserte Formular:

> *O Formulareschmied,*
> *wirst nimmer müd!*
> *Nimm dir als Vorbild doch ein Menschenkind*
> *(bei dem die wicht´gen Sachen alle vorne sind!)*
> *Bei diesem neuen Formular, das kritisier ich barsch,*
> *sind Theorie und Praxis insgesamt am*
> *(bitte wenden)*

Meine Kollegen, wenn sie die Prüfergebnisse eintragen mußten, bildeten eine breite Skala vom überkorrekten Verwaltungsmenschen bis zum äußerst rationellen Techniker meiner Art[28].

Einmal saß mir ein Kollege vom andern Ende der Skala am Schreibtisch gegenüber und sagte:„Wir müssen alle den Ort eintragen, nur Sie nicht!" Ich erklärte ihm, dass ich schon längere Zeit teste, ob sich auf dem Amt jemand für den Prüfort interessiert - niemand wollte ihn wissen. -- Wenn man sich mit Unwichtigem oder gar Überflüssigem beschäftigt, besteht die Gefahr, dass das, worauf es ankommt, übersehen oder vergessen wird. Da steht z.B. auf einer Prüfbescheinigung: An Stadtverwaltung Marl --. Das ist total überflüssig, denn die Bescheinigung ist ja an keinen Adressaten gebunden. Aber Vordruck ist Vordruck, und der muss ausgefüllt werden! Der Kollege müht sich, das zuständige Amt herauszufinden, setzt das Datum ein und unterschreibt --. Das Ergebnis der Prüfung sucht man vergeblich. Damit hat er meine Behauptung, was Überflüssiges betrifft, bestätigt.

„Rationell" ist abgeleitet von der Ratio, der Vernunft, und heißt also „vernünftig".

Doch nicht das Vernünftige fällt in den kritischen Blick; das Gegenteil fällt auf und muss „derbleckt" werden:

Es geschieht sicher nicht vorsätzlich, wenn Kraftfahrer viel zu schnell auf die rote Ampel zu fahren und dann stark bremsen müssen, es ist Gedankenlosigkeit oder ungenügende Voraussicht. Gedanken-los ist aber selten jemand, sie sind eben nur nicht „bei der Sache", sondern anderswo[29].

---

[28] Konstruktionspraxis wirkt nach

[29] Schiller hat sich einmal über den Spruch „Ich denke, also bin ich." lustig gemacht. Er sagte etwa: „Ich denke nicht immer und bin trotzdem."

Vor vielen Jahren hab ich ein Training in energiesparender Fahrweise mitgemacht auf einem vollbeladenen Lastzug. Neben mir saß ein Instrukteur, der mich immer wieder am Zurückschalten hinderte, wenn es bergauf ging und ich instinktiv in den kleineren Gang wollte. (Wir fuhren auf der Landstraße durch eine hügelige Gegend und kamen durch mehrere Ortschaften.) Er schärfte mir ein, nicht zurückzuschalten, solange der Zeiger des Drehzahlmessers sich nicht bewegt.

Durch die vibrierende Stärke des Geräuschs fühlt man die zunehmende Anstrengung des Motors, doch der Zeiger will nicht unters Limit, er bleibt stur.

„Die Ampel da vorn hat Rot - wenn wir im jetzigen Tempo weiterfahren, schaffen wir's bei Grün." Er hat die Ampel weit vorn schon vor mir gesehen - Kunststück, denn er kennt die Strecke und weiß, wo Ampeln stehen, und er kennt ihren Rhythmus und will möglichst ohne Halten durchkommen. Dabei erfahre ich, daß ein voll beladener Lastzug beim Beschleunigen aus dem Stand auf fünfzig km/h sage und schreibe einen halben Liter Dieselöl verbraucht!

Also, liebe Fußgänger: wenn ihr die Straße bei der Fußgängerampel überqueren wollt und seht, daß sich ein Lastzug nähert, und ihr unbedingt einen halben Liter Öl verbrennen und die Luft damit verpesten wollt, drückt schnell den Knopf - bevor er durch ist.

(An ampelgeregelten Kreuzungen ist es glücklicherweise nicht möglich.)

=======================================

„Mit der Vorfahrt hat er's nicht so genau genommen, und zu schauen hat er auch mal vergessen. Aber man muss ihm seine umweltschonende Fahrweise zugute halten, er hat bestanden."

Soll es soweit kommen - oder ist es schon so weit? Eigentlich will ich's garnicht wissen, müßte mich nur ärgern.

Ich fahre selber energiesparend. Als *routinierter* Fahrer kann ich mir das erlauben, ohne dass die Sicherheit zu kurz kommt. Ja sie kommt an ERSTER Stelle, und erst recht für Anfänger!

Nach einem Unfall kann man nicht sagen, man habe aber wenig Sprit gebraucht und die Umwelt geschont. Soviel zur Gewichtung von Fehlern. Erst wenn das Nötige erfüllt ist, nämlich die Sicherheit, kann das Wünschenswerte dazukommen.

====================================

„Die Bahn kommt." „Falsch, sie liegt vor uns in Form von Schienen. Und weil die aus Eisen sind, ist es eine Eisenbahn. Liegen sie aber auf der Straße, hat sich „Straßenbahn" eingebürgert." „Also in was steigen wir nun ein?" „In den Zug - stimmt aber, wenn man´s ebenso genau nimmt, auch nicht, denn Zug ist die Kraft, die im Haken entsteht, wenn daran gezogen wird." ------ Trotzdem steigen wir in den Zug ein, um Energie zu sparen und die Umwelt zu schonen:

Ihr mögt mich	*Ihr mögt mich*
bedauern oder rügen:	*beneiden oder rügen:*
das Leben ertrug ich	*das Leben genieß ich*
in vollen Zügen	*in langen Zügen*
der HSB[30] und OEG[31]	*der HSB und OEG*
oh je!	*juchhe!*

Noch[32] ist für die Kraftfahrer in Deutschland die Nacht nicht hereingebrochen, d. h. sie dürfen tagsüber ohne Licht fahren, wenn es die Sicht zuläßt.

Doch es rumort in den Köpfen: soll man den Autofahrern vorschreiben, auch am Tag mit Licht zu fahren, nämlich im-

---

[30] Heidelberger Straßenbahn
[31] Oberrheinische Eisenbahngesellschaft
[32] in 2007

mer? Das vielgepriesene Licht, das die Sonne uns kostenlos spendet, verschmähen und ersetzen durch die Energie aus dem nicht unerschöpflichen Erdöl?

Ich befürchte eine gewaltsame Veränderung der Sehgewohnheiten des ganzen Volkes: nur Lichtquellen werden wahr- und ernstgenommen. Und wo bleiben die Radfahrer?!

Die könnten doch, damit sie auch ihr Licht haben, den Dynamo treiben, oder - noch besser - den Strom, der den Scheinwerfer zum Leuchten bringt, aus einer über dem Kopf angebrachten schattenspendenden Solaranlage[33] gewinnen.

Wenn unterwegs am hellen Tag die Lichtanlage den Geist aufgibt, darf man dann „unter erhöhter Vorsicht" weiterfahren, oder muss der Wagen abgeschleppt werden?

Mit Dauerlicht müsste kein Autofahrer in der Abenddämmerung überlegen, wann er das Licht einschaltet. Und keine Fahrer würden, weil sie selbst noch genügend sehen und sich ihre Augen an die Dämmerung gewöhnt haben (die ja nicht plötzlich hereinbricht), als Dunkelmänner die Lichterkette unterbrechen. Das wäre wohl der einzige Vorteil des Dauerlichts - aber nur, wenn Alle mitmachen! Solange es Autos gibt, die ohne Licht fahren können, werden einige Prozent unbeleuchtet daherkommen. Damit wäre der Zweck der ganzen Aktion (die höhere Sicherheit) ins Gegenteil verkehrt.

Ganz unerträglich empfinde ich die Lichter im Innenspiegel. Selbst wenn ich ihn abblende, lenkt er die Aufmerksamkeit unnötig nach hinten. So würde ich´s mit dem Spiegel am Tag wie bisher bei Nacht machen: ich drehe ihn zur Seite[34]. Was kümmert´s mich, wie dicht ein Drängler hinter mir herfährt. Irgendwann, wenn er merkt, daß ich keine Notiz von ihm

---

[33] Tip für die Zubehör-Industrie
[34] Lkw-Fahrweise

nehme, wird er von mir ablassen[35]. (Da ich nicht unnötig schleiche, kommt es nicht oft vor.)

Zum Ausscheren und Abbiegen habe ich zwei Außenspiegel, außerdem ist mein Kopf drehbar gelagert (Ausdruck von Fahrlehrern).

=====================================

Was mir den Winter besonders verleidet hat, war die Anweisung, Motorradprüfungen durchzuführen mit dem tröstlichen Hinweis, nur der Fahrlehrer und der Prüfling seien verantwortlich für irgendwelche Schäden eines Sturzes. „Lass ihn doch auf die Schnauze fallen, wenn er unbedingt will" war unter Kollegen zu hören. Damit war wohl die Vorstellung von ein paar Abschürfungen und vielleicht Maschinenschaden verbunden.

Ich stellte mir aber Schlimmeres vor, das ich verhüten musste, und schrieb an meinen Chef (September 1985):

Da ich einerseits von Fahrlehrern und Kollegen mehrfach gehört habe, daß Kl.1-Bewerber bei Prüfungsfahrten auf glatter Fahrbahn gestürzt sind, und da mir andererseits schon vorgeworfen wurde, ich handle gegen die Dienstanweisung, wenn ich Zweiradprüfung wegen Glätte ablehnte (und um künftig dem Winter nicht mehr mit Grausen entgegensehen zu müssen), habe ich mich gründlich mit dem Problem beschäftigt.

Ich kann mir nicht vorstellen, daß (und evtl. mit welcher Begründung) das Innenministerium Baden-Württemberg sich meinen Argumenten verschließt.

Anlage: Vorschlag zur Motorradprüfung im Winter

---

[35] Die Schwaben sagen: „Den ignorier i no net emol!"

„Die aaS/P sind angewiesen, die Prüfung trotz Eis und Schnee durch-
zuführen, wenn Fahrlehrer und Prüfling es wünschen. Daß die Beding-
ung, es müsse ein eisfreier Platz für die Grundfahrübungen vorhanden
sein, keinesfalls genügt, geht aus folgenden Überlegungen hervor.
1.   Da gem. §11(2) StVZO der Prüfer sich überzeugen muß, ob der
Bewerber fähig ist, die zur sicheren Führung eines Kraftfahrzeugs erfor-
derlichen Kenntnisse praktisch anzuwenden, kann nicht verlangt werden,
daß er sich mit einem eng begrenzten Ausschnitt der „Anwendungen"
begnügt. (Der Balanceakt auf Glätte bei geringer Geschwindigkeit kann
kein Äquivalent dafür sein.) Ein großer Teil der Prüfungsrichtlinien
würde ignoriert, z.B.: „Auf das richtige Verhalten im Schnellverkehr ist
besonderer Wert zu legen."
Außer einem eisfreien Platz müssen also vorhanden sein:
1.1 genügend eisfreie Straßen, auf denen mit höherer Geschwindigkeit
gefahren werden kann, d.h. außerorts im großen Gang;
1.2 genügend eisfreie Seitenstraßen, unbeschilderte Kreuzungen bzw.
Einmündungen. Der Prüfer müßte sich ggf. vorher - zweckmäßigerweise
im Zuge von Kl.3-Prüfungen - eine Prüfstrecke vormerken, die einerseits
nicht zu einfach ist, andererseits aber auch kein zu großes Risiko dar-
stellt, d.h. nicht vereist ist.
1.3 Wäre nur die Fahrbahnmitte frei, müßte der Prüfling zwischen zwei
Übeln wählen: entweder rechts auf dem Eis fahren (Unebenheiten, gefro-
rene Radspuren) oder in der Fahrbahnmitte und bei Gegenverkehr aus-
weichen aufs Eis!
Der Prüfer könnte somit auch nicht feststellen, ob der Prüfling unter
normalen Umständen : das Rechtsfahrgebot beachtet, sich vor dem Abbie-
gen richtig einordnet, nach rechts in engem, nach links in weitem Bogen
abbiegt.
2.   Die Amputation der Prüfungsrichtlinien ist zwar schon schlimm
genug, doch ungleich schwerer wiegt (was bisher nicht beachtet wurde) ein
Verstoß gegen das Strafgesetz:
§323c StGB verlangt Hilfeleistung bei gemeiner Gefahr.
2.1   „gemeine Gefahr":

2.11 Die Wahrscheinlichkeit eines Sturzes bei Eis - oder Schneeglätte ist für den Anfänger besonders groß.

2.12 Die Folgen eines Sturzes sind unberechenbar; schwere Verletzung oder Tod sind möglich, z.B. Überrolltwerden durch nachfolgendes Fahrzeug.

2.13 Auch andere Verkehrsteilnehmer werden bei einem Sturz gefährdet, indem sie zum Bremsen oder Ausweichen (bei Glätte!) gezwungen werden.

2.2 „Hilfe leisten":

2.21 Die in §323c StGB geforderte Hilfe kann für den aaS/P nur darin bestehen, daß er die „gemeine Gefahr" vermeidet, indem er die Prüfung ablehnt.

2.22 Ein jeglicher Druck auf die Prüfer durch vorgesetzte Personen oder Behörden, bei auch nur teilweiser Straßenglätte Zweiradprüfungen abzunehmen, muß demnach ebenso als Verstoß gegen §323c StGB und darüber hinaus als Nötigung gewertet werden.

Es gibt keinerlei Zwänge, die es rechtfertigen, ein dermaßen erhöhtes Risiko zuzulassen und Gesundheit und Leben aufs Spiel zu setzen!

2.23 Um auch jeden nur vermeintlichen Druck auf die Prüfer zu vermeiden und aus Gründen der Gleichbehandlung schlage ich vor, in den Monaten Dezember, Januar, Februar keine Zweiradprüfungen abzunehmen und dies der Fahrlehrerschaft unter Anführung obengenannter Gründe frühzeitig mitzuteilen.Der weitaus größte Teil der Fahrlehrer hat ohnehin schon bisher vernünftigerweise im Winter nur vierrädrig fahren lassen. Ich kann mir vorstellen, daß es einem Fahrlehrer leichter fällt, einem unvernünftigen (meist jugendlichen) Kunden die Schulung oder Vorstellung zur Prüfung zu verweigern, wenn er darauf hinweisen kann, daß im Winter nicht geprüft wird. So muß er nicht befürchten, daß der Kunde zum Konkurrenten abwandert, der vielleicht ein weiteres Gewissen hat.

3. Die witterungsbedingten Zustände der Fahrbahn gehen stufenlos ineinander über, es gibt eine nicht abgrenzbare „Grauzone". Da ist es möglich, daß das Urteil, ob ohne stark erhöhtes Risiko noch gefahren werden kann, bei den Prüfern am selben Prüfort verschieden ausfällt.

3.1 Durch die vorgeschlagenen Nullmonate würde dieser Zustand stark verringert.

3.2 Es bleibt ein Rest: Eis- und Schneeglätte außerhalb der „Nullmonate". Um eine Ungleichbehandlung zu vermeiden, schlage ich vor: Prüfer am selben Prüfort, die Prüfung noch für möglich halten, übernehmen Zweiradprüflinge von Kollegen, die Prüfung nicht mehr für möglich halten. Wenn dies im Tausch mit Kl.3- Prüflingen geschieht, kann auch nicht vermutet werden, die ablehnenden Kollegen wollten früher Feierabend; diskriminiert wird also niemand..

4. Kundenfreundlich:

Wenn dieses Verfahren in der Öffentlichkeit mit den genannten Gründen überzeugend vertreten wird, muß jedermann einsehen, daß Ablehnung einer Prüfung bei riskantem Straßenzustand kundenfreundlicher ist („Wir wollen, daß Sie sicher fahren!") als opportunistisches Nachgeben. Überdies muß auch eingesehen werden, daß verschiedene Prüfer (Menschen!) in Grenzsituationen zu verschiedenem Urteil kommen können, ohne daß man sagen kann, die einen hätten richtig, und die anderen falsch geurteilt".

Interessante Argumente hat noch mein Rechtsanwalt beigesteuert:

„Zwischen dem Technischen Überwachungsverein und dem Prüfling besteht ein Vertrag, der wohl als Werkvertrag einzustufen sein dürfte. Dieses Vertragsverhältnis bringt Obhutspflichten für den prüfenden Verein und den jeweiligen Prüfer mit sich. Diese Obhutspflichten bestehen neben denen des beteiligten Fahrlehrers.

Besteht nun die Geschäftsleitung des TÜV darauf, daß die praktische Prüfung trotz der winterlichen Gefahrensituation durchgeführt wird, so darf der jeweilige verantwortliche Prüfer einen derartigen Auftrag nicht durchführen.

Wie bereits angedeutet, besitzt der Prüfer hier eine Garantenstellung, die sich gegenüber dem Prüfling, aber auch gegenüber möglichen beteiligten anderen Verkehrsteilnehmern, die in einen Unfall mitverwickelt sein *können, auswirkt. Der Prüfer hat daher die Pflicht, einen Erfolg abzuwenden, der etwa den Tatbestand der Körperverletzung bzw. fahrlässigen Tötung erfüllen könnte. Nicht zu übersehen ist auch, daß der Prüfer in der Prüfungssituation die tatsächliche Herrschaft über den Prüfungsbetrieb besitzt. Auch diese Sachherrschaft begründet eine Pflicht zur Gefahrenabwehr...."*

Der Irrweg fand ein Ende mit der Dienstanweisung vom Januar 1987:

Aufgrund der Eingabe von Herrn R., daß nicht nur der Fahrlehrer und der Bewerber entscheiden, ob bei winterlichen Straßenverhältnissen die Zweirad - Fahrprüfung durchgeführt werden kann oder nicht, sondern auch der aaS/P die Prüfung ablehnen kann, wurde die rechtliche Lage ausführlich diskutiert. Nach Würdigung aller Argumente haben wir uns entschlossen, in der Innerdienstlichen Mitteilung Nr. 19/85 den zweiten Absatz dahingehend zu ändern, daß Fahrlehrer und Bewerber die Durchführung der Fahrprüfung nicht gegen den Willen des aaS/P erzwingen können. Eine Ablehnung seitens des aaS/P soll aber wirklich überlegt, notwendig und gerechtfertigt sein, da sie bekanntlich zum Verlust der halben Prüfgebühr für den Bewerber führt. Außerdem sollen der Fahrlehrer und der Bewerber überzeugt werden, daß es nicht zu verantworten ist, die Fahrprüfung durchzuführen.Die Entscheidung über die Ablehnung der Fahrprüfung darf aber nicht schon am Morgen des Prüfungstages fallen, da erfahrungsgemäß oftmals der morgendliche Schnee am Nachmittag bereits weggetaut ist. Auch sollen sich in Mannheim, Heidelberg usw., wo oft mehrere aaS/P anwesend sind, diese untereinander absprechen, damit nicht der eine Zweiradprüfungen ablehnt, und der andere sie durchführt".

==

Auf eine Gefahr will ich hier noch hinweisen:
Die Sonne hat die Straßen freigeschmolzen und lädt zu zügigem Fahren ein. Die Freude aber nimmt ein plötzliches Ende, weil der Fahrer zu spät gemerkt hat, daß im Schatten die Fahrbahn noch vereist ist. Er hätte im eisfreien Teil frühzeitig abbremsen müssen - und zwar so früh, daß eine sanfte Bremsung genügt, denn der nachfolgende Autofahrer wäre auf ein starkes Bremsen nicht gefaßt.
Ebenso ist die Nordseite einer Kuppe im Gegensatz zur Südseite vereist, von Brücken garnicht zu reden. (Von beidem reden tausend Fahrlehrer.)
Fazit: Maschine im Schuppen lassen[36], bis „mit Blumen die Erde sich kleidet neu".[37]
==================================

ERINNERUNGS-SPLITTER

Ein Fahrlehrer im Ruhestand stellt eine Frau mittleren Alters vor, die er noch „als Rest-bestand" zuletzt ausgebildet hat. Wir fahren auf dem damaligen Dreigang-Opel. Da sie schaltfaul fährt, komme ich auf die fiese Idee, in einem Wohnviertel bergauf fahren zu lassen mit zweimal „rechts vor links".
An der ersten Einmündung schafft es der Motor noch, die

---

[36] ein Fahrlehrer sagte mir, er melde sein Motorrad über die Wintermonate ab. Vernünftig!
[37] aus „Wilhelm Tell"

Steigung wird danach noch etwas steiler, der Motor schafft es mit Müh´ und Not, dann hopp, hopp - der ganze Wagen bockt, hüpft - steht - Fahrlehrer auf der Bremse!
(Mit Automatik wäre das nicht passiert - aber die Frau will ja später Schaltwagen fahren.)
„Sie haben mir den Lebensabend versauert!" sagt nun der arme Mann.
Hoffen wir, dass sich die Säure bald verflüchtigt hat!

Eines Nachmittags komme ich mit einem Vorführwagen nach Hause und will meine Frau zur Probefahrt mitnehmen. Aber sie will nicht. Sie paukt gerade mit dem älteren Sohn Latein und sagt: „Fiat voluntas tua." Das höre ich gerne, es heißt „dein Wille geschehe" oder „kauf halt den Fiat." .

Früher fuhr ich den Renault R8. (Jetzt suche ich ihn unter den Oldtimern.) Sein hinten eingebauter Motor machte ihn zur Heckschleuder. So kam ich bald auf den Trick, wie man im powerslide um die Ecke fährt. Das macht(e) unheimlich Spaß, wie er hinten ´rumging, ich konnte es genau dosieren, selbst auf nasser Straße! Von außen musste das „verboten" ausgesehen haben! Doch die schneller abgefahrenen Reifen machten dem Vergnügen ein Ende (traurig, traurig!) Die neuen Michelin-X machten den Seitenrutsch nicht mehr mit.
Auf einer Dienstfahrt mit diesem Wagen wurde ich , als ich aus einem Waldstück ins Freie herauskam, so plötzlich vom Seitenwind erfasst, dass ich mich schon im Acker liegen sah.
Heute würde man sagen: „Es war der ultimative Kick!" Ich sage: „Es war der Anti-Spaß."

Vom Hörensagen: Ein älterer Kollege ließ gern rückwärts in eine offenstehende Garage fahren, obwohl der Eigentümer davon nicht begeistert war. Eines Tages aber schlug der , als der Wagen drin stand, von außen das Garagentor zu, und Fahrprüfer, -lehrer, -schüler saßen im Dunkeln.

Mein Prüfling übersieht beim Linksabbiegen den Gegenverkehr. Es ist ein Fahrlehrer, der entgegenkommt und, indem er unfreiwillig auf seinen Vorrang verzichtet und sieht, daß wir auf Prüfungsfahrt sind, uns durchzuwinken anfängt.
„Der hat gewunken!" sagt sogleich der Begleiter meines Prüflings. Und ich: „Ja, hinterher!"
Beide Fahrlehrer haben es mit meinem Fahrer „gut gemeint", hätten ihm aber geschadet, wenn der Prüfer geschlafen hätte.

Einmal kam von Oben die Mahnung, die Prüfbogen „sparsam zu verwenden". --- Seitdem nahm ich Butterbrotpapier.

Was tun die Leute der TÜV-Abteilung sieben? Sieben.

Wir fahren in der Stadt mit 50 in der Kolonne und wollen links abbiegen. Der junge Mann schaut zu lang in den Außenspiegel, der Fahrlehrer bremst, damit wir nicht auffahren, dreht sich zu mir um und schreit mich an: „Des hawwe Se jetz von Ihrer Guggerei!"
Das war ganz am Anfang meiner Prüftätigkeit. So war also ich daran schuld, dass es der Junge falsch gemacht hat und nicht sein Lehrer, der ihm das richtige „Guggen" hätte beibringen müssen. Er hätte mit ihm üben müssen, soviel Abstand zum Vordermann zu halten, dass ein Spiegelblick plus Kopfdrehen möglich ist, ohne aufzufahren.
Ich kann mir den Vorfall nur so erklären, daß meine Kollegen nicht so aufs Schauen geschaut haben, und dass der Fahrlehrer den armen Jungen kurz vor der Fahrt „verrückt gemacht" hat mit „meiner Guggerei".

Im Prüfhof will eine ältere Frau anfahren zum Einparken. Ihr Fahrlehrer und ich stehen, wie es auf dem Platz üblich ist, daneben. Sie gibt Gas, doch die Handbremse hält den Wagen fest, nachdem er sich bei einem kurzen Sprung aufgebäumt hat.

Sie probiert´s nochmal mit verbissener Miene, ohne Erfolg. Nach dem dritten Versuch steigt sie aus und sagt, ihr sei nicht wohl, sie will nicht weitermachen. Darauf erkläre ich die Prüfung nicht für nichtbestanden, sondern für abgebrochen wegen übergroßer Nervosität.

Ihr verkrampftes Gesicht, ihren entschlossenen Blick sehe ich heute noch vor mir.

In den ersten Tagen meiner Zeit als Prüfer fuhr ich bei einem älteren Kollegen mit, der eine Prüfungsfahrt im Kleinbus machte. Er setzte sich auf den rechten Vordersitz und hatte vor sich noch zwei bis drei Meter Platz bis zum Armaturenbrett. Die Gurtanlegepflicht war damals noch nicht eingeführt. -- Da plötzliches Bremsen, der Mann schießt nach vorn, mit der Hand am ausgestreckten rechten Arm bekommt er noch eine Stange zu fassen, die senkrecht im Raum steht, und schlägt um diese als Mittelpunkt einen Viertelkreisbogen.

Dieses ließ ich mir eine Lehre sein. Wenn ich im Bus oder in der Straßenbahn sitze, muss ich immer etwas (nicht zu Hartes) vor mir haben.

Von einem Fahrlehrer hörte ich, ein Prüfer habe bei der Motorrad-Bremsprobe mit einem plötzlichen Schritt nach vorn in die Fahrbahn die Reaktion des Prüflings testen wollen.

Das machte er natürlich in der Absicht, realitätsnah zu prüfen. Hätte aber die Realität nicht so ausfallen können, dass der Fahrer dabei stürzt und sich schwer verletzt?!

(Der Kollege liest dies mit seinem „Blick des Prüfers" leider nicht mehr.)

„Jetzt kommt die flotte Rote". Das war ein Versprecher von mir, wenn die rote Flotte, der aus roten Autos bestehende Fuhrpark einer Großfahrschule zur Prüfung ankam.

Am Fußgängerübergang zwischen den Schienen der Vorortbahn steht ein Schild mit der Belehrung: ZUG HAT VORRANG.
„Ach nee, tatsächlich? Hätt´ ich nicht gedacht!"

Wenn ich bei einem Prüfling eine wesentliche Schwäche vermutete, erlaubte ich mir, darin herumzubohren: dann kam entweder Gold[38] oder Geröll.
Und wenn sich die gleiche Schwäche bei Fahrschülern zeigte, die alle vom selben Fahrlehrer geschult wurden, war eigentlich dieser durchgefallen (was fürs Prüfklima nicht eben förderlich war):
Wenige Minuten seit Fahrtbeginn sind vergangen, und mein Fahrer übersieht das Zeichen „Verbot der Einfahrt" - die Fahrlehrerin greift ein.
Mit den nächsten drei oder vier Leuten geht es genauso, da es mir nicht einfällt, eine andere Strecke zu wählen. Nun fragt mich der Inhaber der Fahrschule, ob er einmal mitfahren könne. „Ja, bitte." --- Nachdem wieder dasselbe passiert ist, steigt er wortlos aus.

Eine flotte Achtzehnjährige, wie geschaffen fürs Motorrad, lässt am Ende ihrer einwandfreien Fahrt die Maschine kippen, nachdem sie angehalten hat. Ich glaube, sie war mit dem Stützfuß weggerutscht. Nach einem eleganten Satz über die kippende Maschine steht sie aufrecht daneben, so als würde sie das immer machen - vielleicht als Zirkusnummer?

---

[38] seltenes Metall

Diese sportliche Eleganz hat mich so begeistert (und begeistert mich heute noch), dass ich ihr, der Richtlinie trotzend, den Führerschein gab.

Alle paar Wochen musste ich auf Übernachtungstour - Montag bis Freitag - nach „Badisch Sibirien", das unter dem freundlicheren Namen Madonnenländchen bekannt ist.
Bei der Wahl der Übernachtungslokale musste ich am Anfang schlechte Erfahrungen machen: einmal war mein Zimmer direkt über der Küche, wo bis weit nach Mitternacht Schnitzel geklopft und Blecheimer auf dem Steinboden geschoben wurden.
Einmal über der Gaststube, wo laute Männer Karten klopften. Gern wäre ich hinunter gegangen und hätte -- Reißnägel auf den Tisch gestreut!
Und einmal über dem Saal: noch vielmehr Männerstimmen und plötzlich Ruhe -- dann vierstimmig, raumfüllend Silcherlieder eines fränkischen Männerchors. Herrlich!
Gern wäre ich hinunter gegangen und hätte -- mitgesungen!

§1 StVO: Was du nicht willst, das man dir tu, füg auch keinem andern zu!

Wir fahren an Getreidefeldern vorbei, und ich sage zur Fahrlehrerin „das Gelbe ist Weizen, und das ist Roggen." (Sie bildet ihre Fahrschüler so gut aus, daß eine leichte Unterhaltung während der Fahrt nichts ausmacht.) „Und das ist Gerste." Sie sagt, sie kenne sich in Getreidesorten nicht aus -- „Was macht man denn aus Gerste?"[39] Nachdem ich mich gefasst und kurz nachgedacht habe, sage ich „Haferflocken". Das hat sie nun doch nicht geglaubt, und heiter ging´s weiter.

---

[39] ein Mann hätte das gewußt

Mädchen[40], wenn du deine Leute so gut ausbildest, brauchst du dich wegen der Unkenntnis von Getreidesorten nicht zu schämen!

Gleich nach Beginn der Prüfungsfahrt für den Personenbeförderungsschein fährt mein Busfahrer über einen Bahnübergang ohne Seitenblick. Da er schon jahrelang Lastwagen fährt, ist anzunehmen, dass er das immer so gemacht hat, auch mit dem Pkw. Und jetzt in der Prüfung sollte er beweisen, dass man ihm einen Bus voll Personen anvertrauen kann.
Diesen Beweis hat er nicht erbracht, die Prüfung also nicht bestanden. (So einfach ist das, aber ärgerlich!) In seinem Zorn lässt mich der Mann, nachdem ich´s ihm gesagt habe, auf der Stelle aussteigen. Er weigert sich, mich zum Abfahrtspunkt, wo die nächsten Prüflinge warten, zurückzubringen. „Diesen meinen Spaziergang musst du mir büßen!" denke ich.
Wie ich aber später den Antrag auf medizinisch-psychologische Untersuchung ausfüllen will, sagt mein zweites Ich: „Das ist doch nur der reine Racheakt, gib´s zu!" Und der halb ausgefüllte Antrag landet im Papierkorb.

Auf einer wenig befahrenen Straße am Ortsrand, wo auch kein parkender Wagen steht, lasse ich wenden. Der Prüfling darf sich eine Stelle aussuchen. Das macht er so geschickt, dass wir auf die einzige, einsame Mülltonne zufahren, die am linken Fahrbahnrand steht.
(Hätte sie ein bißchen Gefühl im Leib, würde sie sich bedroht fühlen und verschwinden.)
Nun stellt sich heraus, dass die Straße auf diese Seite hin leicht abfällt, denn nach dem Halten und Einlegen des Rückwärtsgangs rollen wir, bis die Kupplung greift, leicht nach vorn.

---

[40] als alter Mann darf ich mir diese Anrede erlauben

Beim zweiten Versuch ebenso, dann beim dritten - die Tonne „kommt" immer näher - bis zum Anstoß. -- Das von mir nicht beabsichtigte rückwärts Anfahren bergauf war das in der Wendeübung versteckte Teufelchen.

Konfliktvermeidungsstrategie eines längst verstorbenen Oberen[41]:
„Die Fahrlehrer haben grundsätzlich kein Recht auf Einsichtnahme in den Prüfbogen. Sollte aber einer[42] darauf bestehen, ist ihm der Bogen auszuhändigen."
Da ging mir „das Messer im Sack auf," als ich das las.
Wenn man diese Anweisung wohlwollend beurteilt, könnte man sagen, es war um des lieben Friedens Willen. (Selig sind die Friedfertigen.) - Aber nein, nicht so, nicht mit mir!

Ältere Frau sitzt mit ihrem Fahrlehrer im Opel Kapitän P2[43]. Nachdem ich eingestiegen bin und die beiden begrüßt habe, legt sie den ersten Gang ein, löst die Handbremse, schaut sich um ---Ich freue mich auf ihr verdutztes Gesicht, das sie gleich machen wird, wenn sich nichts rührt. -- Wer aber ein dummes Gesicht macht, bin ich, denn der Wagen fährt an!
(Das amüsiert mich heute noch.)

Alle sind gut gefahren, nur Einen hat´s am Schluß erwischt - den Prüfer. So geschehen zu Heidelberg im Winter.
Zufrieden, wieder einmal eine gute Fahrschule erlebt zu haben, freu ich mich auf den Feierabend, während ich auf die untergehende Sonne zu fahre. Ihre schrägen Strahlen bringen die Straße zum Glänzen. Glatteis! durchfährt mich´s. Die Am-

---

[41] Warnung: der Neue soll härter sein
[42] Die Bescheidenen sind die Dummen
[43] 2,6 l Hubraum, 90 PS, 6 Zyl.

pel wechselt auf Rot, ich seh mich schon in die Kreuzung hineinschlittern! Zum Glück bin ich nicht schnell[44] - ich treibe auf den rechten Randstein zu, bis es knallt und der Wagen steht. Gott sei Dank!

Die vordere rechte Felge hat dran glauben müssen. Sie „hat sich geopfert".

Ein anderes Erlebnis mit Glatteis hatte ich in meinem kleinen Lloyd 600, den ich nach bestandener Prüfung gebraucht gekauft hatte. (Der Prüfer war noch in ferner Zukunft.)

Nach dem Mittagessen fuhr ich in Gottmadingen[45] ab zu meinem Arbeitsort Ravensburg. Einige hundert Meter vor Meersburg sehe ich eine Autokolonne auf dem Gehweg stehen, doch wie ich näher herankomme, merke ich, dass sie ganz langsam fahren. „Oh, Glatteis!" Ich schließe mich hinten an. (Der Frontantrieb kettert leicht über den Randstein.) Doch wie komme ich nun den Buckel hoch? Mit meiner Notfallschnur[46] umwickle ich die vorderen Reifen (hat der Konstrukteur deshalb die Löcher in den Felgen vorgesehen?).

Wie ich oben bin, hängt die Schnur in Fetzen weg, doch ich bin oben , bin oben!

Und später wohlbehalten in Ravensburg.

In ihrem DS19 fahre ich die junge Frau nach Hause, die bei meiner Schwester zu Besuch war.

Sie hatten Most getrunken, und mein Schwager hatte ihr immer wieder nachgeschenkt.

Als wir bei der Garage ankommen, will sie den Wagen selber hineinfahren.

---

[44] Geschwindigkeit ist relativ

[45] wo ich vor 75 Jahren geboren und (nicht auf L.Richter) getauft wurde

[46] das waren noch Pionierzeiten!

„Die paar Meter kann nichts passieren" denke ich und steige aus. Sie steigt ein, der Motor heult auf, der Wagen schnellt vor, ein Krach - und Stille.

Eine Staubwolke dringt ins Freie. Wie die sich etwas gelichtet hat, wage ich einen ängstlichen Blick hindurch und sehe im Hintergrund den Schattenriß einer sich bewegenden Gestalt.

Die Frau kommt unverletzt auf mich zu.

Unbeschädigt ist auch das Auto, obwohl die Rückwand der Garage schräg auf seiner Motorhaube und auf seiner unbeschädigten! Windschutzscheibe liegt.

Hierzu bitte beachten, dass für die Franzosen die Autos weiblich sind. Sie sagen also nicht der, sondern die DS. Und denken sich´s als Abkürzung von déesse = Göttin.

Stier oder Büffel hätte in unserem Fall aber besser gepasst.

Für einen Mann sollte ich ein Eignungsgutachten machen, der ziemlich normal daherkam, obwohl mit seinem rechten Bein etwas nicht in Ordnung war. Ich liess ihn in meinem Wagen, der vor unserer Prüfstelle geparkt war, auf dem Führersitz Platz nehmen und wollte ihn auf die Bremse[47] treten lassen. Nun stellte sich heraus, dass er den Fuß nur hoch bekam, wenn er die Hand aufs Knie legte. Also musste seine Fahrerlaubnis beschränkt werden auf Kraftwagen mit nach links versetztem Gaspedal und automatischem Getriebe.

In den Sechzigerjahren riß einmal an meinem Moped der Bowdenzug vom Handgas in der Nähe des Gashebels, dummerweise auf einer Überlandfahrt. Zum Glück hatte ich aber ein Stück Schnur dabei - und eine Idee:

---

[47] korrekt: Bremspedal

Ich verspleißte das Ende der Schnur mit den einzelnen Drähtchen der gebrochenen Stahllitze und machte am andern Ende einen dicken Knoten in die Schnur, vielleicht zehn Zentimeter von der Bruchstelle entfernt. Mit diesem Knoten zwischen Zeige- und Mittelfinger konnte ich Gas geben durch Krümmen der beiden Finger, anstatt durch Drehen am Drehgriff.
Das hat mir soviel Spaß gemacht, dass ich noch wochenlang so herumfuhr.

„Herr R., da ruft ein Rechtsanwalt an, der Sie sprechen will!"
Ich denke „oh jeh, was ist jetzt schon wieder!" und höre eine tiefe freundliche Stimme: „Guten Tag, haben Sie den Herrn X geprüft, ich bin sein Anwalt, warum ist er denn durchgefallen?
Ich sagte, er sei nach Rot über den Radweg rechts abgebogen, ohne auf Radfahrer zu achten.
Darauf der freundliche Herr: „Wissen Sie, ich bin jetzt über achtzig und habe in meinem Mercedes einen Panoramaspiegel und große Außenspiegel, aber ich drehe mich trotzdem noch um - ich muß das meinem Mandanten doch auch noch erklären....."
Hätte der gute Herr nicht Fahrlehrer werden können - und ich mit ihm Prüfungen fahren (anstatt mit manchem andern)?

In meiner ersten Zeit beim TÜV machte ich bei der Kraftfahrzeugprüfung mit. Davon ist mir ein Fall noch frisch im Gedächtnis:
Ein Lastwagen fährt auf den Prüfhof, der Fahrer ruft: „So, jetzt ist alles repariert, alles neu!"
Ich steig in die Grube und schau mir die Geschichte von unten an: das Lenkgestänge blinkt und blitzt, ich als Anfänger bin beeindruckt von dem Glanz, der auf mich herabstrahlt.
Alles O.K., denke ich. Mein naiver „Blick des Prüfers" war noch ungeschult. Der war es also wahrscheinlich nicht, es war

wohl der Schutzengel des Fahrers, der mich veranlasste, mit Zeigefinger und Daumen die Hutmutter anzufassen, die auf dem Gelenk da oben saß.

Mit den Fingern konnte man sie drehen! Hätte ich das nicht gemerkt, wäre die Stange irgendwann aus dem Gelenk gehüpft und der Wagen ausgeschert - vielleicht bei höherer Geschwindigkeit auf die Gegenfahrbahn oder in Fußgänger (mit dem Segen des TÜV).

Der Fahrer zog fluchend ab, nachdem ich ihn in die Grube kommen ließ, damit er sich überzeugen konnte. Den Schreck über die möglichen Folgen dieser „Kleinigkeit" mußte er abreagieren.

Ein Fahrlehrer, der seinen Leuten das rückwärts Einparken leichtmachen wollte (wer wollte das nicht!), kam auf die glorreiche Idee, an dem Punkt, wo es ans Lenken geht, anhalten zu lassen, um dann die Räder im Stand! bis zum Anschlag einzulenken. In dieser Lenkradstellung ein Stück zurück bis zu einem (mir geheimen) Punkt. Hier wieder Halt, Gegenlenken im Stand, letztes Rollen, und das Ergebnis stimmt.

Was als Notlösung bei einer engen Parklücke einmal toleriert werden könnte, wurde hier als normales Verhalten für den Alltag gelehrt. -- Und meine prüfenden Kollegen (ich weiß nicht mehr, ob alle) ließen das durchgehen: „Das ist doch dem seine Sache, wenn er später seine eigenen Reifen unnötig abnützt." Darauf ich: „Wer sagt denn, daß es seine eigenen sind? Der Abrieb ist wesentlich kleiner, wenn die Räder während des Lenkens wenigstens ein bißchen rollen.

Es würde mir schwerfallen, folgende Begebenheit hier für mich zu behalten:

Im Gästebuch eines Gasthofs im Schwarzwald stand:
Es gibt nichts Schönres auf der Welt,
als wenn ein hübsches Mädchen
bei einem Kusse stillehält.   -- Busse[48] --
Darunter stand in anderer Handschrift:
Irrtum, mein lieber Busse: Ein bißchen wackeln musse!

Am „Idiotenbuckel" steht ein Auto, das nicht vorwärts will. Die Frau hinterm Lenkrad schaut leicht vorgebeugt aufs Armaturenbrett.

Wann und wie es weiterging, weiß ich nicht mehr. Ob mit oder ohne Abwürgen des Motors.

Wenn sie den Wagen hätte zurückrollen lassen, wäre das Problem des Drehzahlmessers als unerlaubtes Hilfsmittel nicht akut gewesen, da sie wegen des Rollens nicht bestanden hätte.

Aber diesen Gefallen tat sie mir nicht. So stand ich vor der Frage, ob sie ohne dieses Instrument, das noch heute in vielen Autos fehlt, in der Steigung anfahren kann.

Da ich aber den Drehzahlmesser abdecken lassen (ihr die Krücke wegnehmen) will, rennt der Fahrlehrer zum Chef, der strikt dagegen ist mit der Bemerkung, das sei militaristisch.

Zum Fahrlehrer sagt er wenigstens, so zu schulen sei „schlecht".

Eine junge Fahrschülerin würgt den Motor ab, und ich sage etwa: „Wir müssten mehr Hubraum haben, so drei bis vier Liter." Nachdem sie etwas vor sich hin sagt, das ich nicht verstehe, da ich hinter ihr sitze, bekommt die Fahrlehrerin einen Lachanfall:

Das Mädchen habe gesagt: „Dann wär´s iwwergschwabbelt."

---

[48] Heimatdichter

Was mentales Training ausmacht, habe ich erfahren, als ich nach dreißigjähriger Abstinenz seit meiner Kl.1-Prüfung auf einer Vespa ein Motorrad bestieg, eine BMW 450.

Auf dem Platz hinter unserer Prüfhalle fuhr ich ganz vorsichtig an: Kupplung langsam „ kommen lassen" (damit's nicht „iwwerschwabbelt"). Ich durfte mich ja nicht vor dem einen oder andern Kfz.-Meister, die dort zu Gange waren, blamieren.

Schon beim Anrollen kam ein Glücksgefühl auf: ich kann's noch! Ohne das langjährige Mitfühlen, das sich in die Situation des Motorradprüflings Versetzen hätte ich mich bestimmt viel ungeschickter angestellt.

Ich kann's mit einer Solomaschine, lass aber die Finger von einer, die einen Gefährten[49] gefunden hat. Wie doch die Ehe bei einem Partner so verkehrte Reaktionen hervorrufen kann - und doch sperrt man sie (wieder) in den Club der Ledigen, die Klasse A!

Mein Wissen um die Reaktionen beim Anfahren und beim Bremsen hat mich zwar vor Schlimmerem nur deshalb bewahrt, weil ich (schon früher, auf einem anderen Platz) langsam anfuhr. So bin ich mit einer beim Bremsen angefahrenen Radkappe eines VW, der da unvorsichtigerweise stand, davongekommen. Um zehn Mark ärmer und eine Er-fahrung reicher. (Hab aber nicht gesagt, daß ich beim TÜV bin.)

Eine immerhin denkbare Prüfung für die auf Motorrad mit Beiwagen beschränkte Fahrerlaubnis habe ich in meiner ganzen Zeit nicht erlebt.

---

[49] Beiwagen

Wer wissen will, was z.B. Klasse A bedeutet, muss nicht in der StVZO suchen, sondern in der Fahrerlaubnis-Verordnung (FeV), die 1998 aus der StVZO ausgegliedert wurde.

Zwei Missverständnisse:
1) Winter mit Minusgraden, Theorie in engem, warmem Fahrschulraum: „Wer fertig ist, legt den Bogen hier bei mir auf den Stuhl. Wer will, kann dann rausgehen. Wer aber lieber im Warmen bleibt, bitte stumm wie ein Fisch!"
Nach einer Weile lässt sich der Fahrlehrer blicken und kommt bitterbös auf mich zu: „Wieso schicken Sie die Leute in die Kälte hinaus!"
2) Ein anderer Fahrlehrer kommt auf den Prüfplatz gefahren, ich trete ans Auto heran. Damit er mich durch die geschlossene Scheibe versteht, spreche ich automatisch lauter als normal. Da kurbelt er das Fenster runter und sagt in gereiztem Ton: „Warum schreien Sie mich so an?!"

Ein weiteres, leider weit verbreitetes Mißverständnis:
Der Prüfer freut sich auf der Heimfahrt, daß „es heut´ wieder einmal richtig geknallt hat."
Meine Wut über den Fahrlehrer, weil der die Leute zu früh zur Prüfung vorstellt oder schlecht ausbildet (Minderheit!) wurde kaum aufgewogen von der Freude über den früheren Feierabend. Dann hätte ich am liebsten den Leuten geraten, doch die Fahrschule zu wechseln.
Je besser die Ausbildung, desto weniger wurde ich als Prüfer darüber belehrt, daß der Prüfling eben nervös sei.
Die Enttäuschten - an ihrer Spitze der Fahrlehrer - hofften aber, nächstes Mal einen „besseren" Prüfer zu bekommen.
Die Durchfallquote meiner Kollegen schwankte zwischen etwa zwanzig und dreißig Prozent. Hierzu die salomonische Anweisung des Chefs: „Die Strengsten sollen in Zweifelsfällen

bestehen lassen, die Mildesten neinsagen." (Ich war in der Mitte.)

„Sie misse Kritzli mache" mahnte mich gleich zu Beginn in Offenburg ein Prüfer. Doch das brachte ich während der Fahrt nicht fertig, es hätte mich in der Konzentration gestört. Auch hatte ich befürchtet, in der Eile einen falschen, also nicht gemachten Fehler anzukreuzen. So sammelte ich die „Kritzli" im Kopf und trug sie nach negativem Prüfergebnis in die Fehlerkarte ein.

Spruch: Gott ist größenwahnsinnig geworden. Er geht im Himmel auf und ab und sagt dauernd vor sich hin: „Ich bin Prüfer beim TÜV."
Soll froh sein, dass nicht! Er hätte Chefs (und müsste sich rechtfertigen).

Von einem Fahrlehrer höre ich, eine Frau habe gesagt, dem Prüfer gegenüber sei sie doch nur ein kleines Würstchen. Da ich von ihm erfahre, sie habe drei erwachsene Söhne, die es alle „zu etwas gebracht haben", sage ich, er solle ihr zu bedenken geben: „Drei Kinder zu anständigen Menschen zu erziehen, verdient großen Respekt. Eine solche Leistung müsste der Prüfer erst einmal vorweisen."

Vorn steht rechts ein blauer Pkw. auf dem leicht ansteigenden Parkplatz quer zur Straße vor dem Haus. Wie ich mit meinem Wagen näherkomme, bewegt sich der eben noch geparkte auf die Straße zu. Das ist nicht aussergewöhnlich; der Fahrer wird ja gleich halten, wenn er mich kommen sieht. -- Aber nein, er kommt und erwischt meine hintere Tür. Da springt ein kleines Mädchen heraus, rennt zum Haus und schreit „Mama, Mama!"

Da ist mir sofort klar, wie das kam: der Wagen war nur mit angezogener Handbremse geparkt, und die Kleine hat daran ihre Kräfte gemessen.
Wäre zusätzlich der erste Gang eingelegt gewesen, hätte es nicht passieren können.

Im hinteren Odenwald empfiehlt mir ein Fahrlehrer ein Lokal für die Mittagspause, das auf einer Anhöhe über der Stadt liegt. Mit dem letzten Vormittagsprüfling fahren wir über nicht allzu steile Serpentinen durch den Wald hinauf und kommen auf eine Lichtung, wo das einsame Haus steht. Ich will mich nach eineinhalb Stunden mit dem nächsten Fahrschüler abholen lassen.
Nachdem ich ausgestiegen bin, sage ich: „Warten Sie einen Moment, ich will erst schauen, ob die auch geöffnet haben."
Doch er meint, sie hätten auf, da Licht brennt.
Wie ich aber in die hell erleuchtete Gaststube trete, sagt die Putzfrau: „Wir haben heut Ruhetag." Ich steige wieder ein und lass mich in den Ort hinunter fahren, wo ich „Mittag mache."
Es war weniger der „Blick des Prüfers", als mein Mißtrauen, das mich von einer durchhungerten, obdachlosen Mittagspause verschont hat.

Sechs Uhr früh im Sommer auf der Autobahn Heimfahrt aus dem Urlaub. -- Ich habe mich verfahren. Die Autobahn, auf der ich fahren sollte, liegt im Abstand von etwa zweihundert Metern rechts von mir und führt in die Gegenrichtung. Wie schön wäre es, wenn ich einfach im Hundertachtziggradbogen rechts hinüberfahren könnte! Doch für Verfahrenstechniker wurde natürlich keine Straße gebaut.
Da kommt wie gerufen eine Ausfahrt - aber nur für Autobahnpolizei. Ich komme auf einen großen Platz, wo links eine Dienstbaracke den frühen Morgen verschläft.

Fragen, wie ich auf den richtigen Weg finde, dürfte doch wohl erlaubt sein, aber niemand lässt sich blicken. -- So fahre ich langsam weiter, und siehe da: der Zaun öffnet sich zur Einfahrt in die richtige Autobahn.....

An die Sandburgbauer im Urlaub:

Was ihr gebaut, was ihr gegraben, hält kurz:
der Sand wird weich.
Poseidon greift mit Wasser an
und flutet alles gleich!

Gezeiten:

Meer strebt zum Land	*Volk strebt zum Meer*
belebt den Strand	*belebt den Strand*
wohnt hier	*wohnt hier*
zieht sich nach Stunden zurück	*zieht sich nach Wochen zrück*
und einsam	*und einsam*
liegt die Sandbank	*stehn Sandstühle,-betten,-bänke*

Ein Prüfer erzählte, er habe seinen Fahrer, nachdem er die Prüfung bestanden hatte und der Führerschein ausgehändigt war, zum Ausgangspunkt zurückfahren lassen. Und beim ersten Stopschild sei der mit nur leichtem Anbremsen durchgefahren! „Ich war geschockt, aber was konnte ich machen? Er hatte die Prüfung ja schon bestanden und war im Besitz des Führerscheins, ich hatte damit nichts mehr zu tun."

Ein anderer Kollege hat in einem ähnlichen Fall anders reagiert: er verlangte in scharfem Ton „den Führerschein her!" - und bekam ihn.

Ich hörte von diesen Fällen schon im Anfang meiner Prüftätigkeit und habe in der Konsequenz nie nach bestandener oder auch nicht bestandener Prüfungsfahrt weiterfahren lassen. Damit sind mir wenigstens solche Gewissenskonflikte erspart geblieben.

Angenommen, der Prüfling sei bei Rot gefahren oder habe die Vorfahrt verletzt, und ich sage, er habe nicht bestanden, lasse ihn aber zum Ausgangspunkt zurückfahren. Nun springt ein Kind vor uns auf die Straße, mein Durchgefallener reagiert blitzschnell, und wir kommen kurz vor dem Kind zum Stehen. Was nun, Prüfer?

Solche (möglichen) Situationen habe ich vermieden, indem ich den Fahrlehrer weiterfahren ließ.

Ein Mann hat sich einmal bitter darüber beschwert, dass ich seine Frau nach nicht bestandener Prüfung in den Regen hinaus habe aussteigen lassen. Die Beschwerde war wirklich angebracht - jedoch an der falschen Adresse - es war nämlich der Fahrlehrer, der trotz meinem Einspruch die Frau hinausgeschickt hat und gleich weiterfuhr.

„Die Stelle, wo der Fehler gemacht wurde, noch einmal befahren lassen" war die Anweisung. Aber wie schaffe ich es, dort wieder hinzukommen? Vielleicht auf großen Umwegen, die Zeit kosten. (Wurde vieleicht auch deshalb die Prüfzeit verlängert?).

Ist der Fehler schwerwiegend, ist Wiederholung überflüssig, da nicht bestanden. Ist er es aber nicht, wozu dann die Wiederholung - wohl um die Sammelleidenschaft der Prüfer zu befriedigen? Wenn ich auch nur *einen* Giftpilz fand, suchte ich nicht weiter - auch wenn der Fahrlehrer behauptete, er sei noch essbar...

Aus Tempo fünfzig auf der Vorfahrtstraße in eine schmale Seitenstraße rechts abbiegen lassen. Das war mein bewährter Test der Fahrdynamik, der garantiert nicht bestanden wurde, wenn der Prüfling von Anfang an „gewackelt" hat. Zwar war „meine" Seitenstraße nicht schmal, aber in der Mitte geteilt durch eine ununterbrochene weiße Linie.

Was geschah? Es wurde zu wenig oder / und zu spät gebremst und zu faul gelenkt, und im flotten Bogen ging es über den Strich (und der Fahrlehrer durfte zurückfahren - wenn das passierte, hat keiner widersprochen).

Ende einer Prüfungsfahrt:

Wir stehen vorn an der Ampel und wollen links abbiegen. „Da war doch eben noch ein durchgezogener weißer Strich, wo ist der denn? Machen Sie bitte mal die Tür auf, können Sie ihn sehn?"

Eine Frau im mittleren Alter tritt aufs Fahrpedal des automatischen Getriebes und lässt den Motor an. Ich schaue, ob hinter uns „die Luft rein" ist, und halte mich schon mal fest. (Weder Mensch noch Mauer hinter uns.) Dann schaltet sie von P über R auf D und fährt los -- wider Erwarten vorwärts.

Ich überlege mir, wie ich unterwegs noch einmal anfahren lassen kann, ohne dass sie (und evtl. der Fahrlehrer) Verdacht schöpft, sie habe beim Start etwas falsch gemacht. Da fällt mir der Kiosk ein, bei dem ich zur Mittagslektüre meine Zeitung[50] kaufe.

Der zweite Start ist wie der erste - und somit der nächste frühestens in zwei Wochen.

Ich hatte zwar damit gerechnet, daß der Fahrlehrer während meiner Abwesenheit zu ihr sagt, sie solle zuerst auf die Bremse gehen. Das hat er offenbar nicht getan, wohl weil er gedacht hat, die macht´s gleich wieder falsch, dann fällt sie eben durch -- oft genug hab ich an sie hingepredigt, aber sie hört ja nicht.

Ein Jahr ist vergangen seit unserer letzten Trainings- Busfahrt, und ich bin heute als Erster dran. Nach zweihundert Metern soll ich rechts abbiegen. Kein Problem: ich muss weit genug ausholen, damit das rechte Hinterrad nicht Bekanntschaft mit dem Randstein macht. Der bildet hier kein abgerundetes Eck, wie das sonst meistens der Fall ist, sondern eher eine Kurve.

Etwa fünfzehn Meter vor der Kreuzung parkt ein Wagen. Nachdem ich an diesem vorbeigefahren bin, geht´s ans Abbiegen. Durch das rechte Seitenfenster sehe ich „viel Luft" bis zum Randstein. Also mit dem Ausholen nun mal nicht übertreiben, zumal der Aussenspiegel nichts Gegenteiliges signalisiert. -- Doch da schreit es hinter mir „Stop!"

Das Hinterteil des Busses hat die vordere Stoßstange des geparkten Wagens gestreift, man sieht es am schwarzen Strich.

---

[50] Eine Zeitungsverkäuferin machte einmal einen unfreiwilligen Witz:
„die Frankfurter Allgemeine ist schon weg,
aber Sie können die Frankfurter Rundschau haben."
(So groß war mein Interesse an der Stadt nun auch wieder nicht.)

Diesen dann beim Halt an einer Tankstelle eigenhändig weg-zupolieren, war sich mein mitfahrender zweiter Chef nicht zu fein. Das sei dankbar hier festgehalten.

Zwei weitere Missfahrten mit Bus:

1) Wir stehen längere Zeit und warten auf Grün. Neben uns ein Radweg, der hier ohne Übergang in die Straße mündet.
Bei solchen Gelegenheiten habe ich pausenlos die Augen des Fahrers unter Kontrolle. Da wir bei Grün geradeaus weiterfah-ren, müssen wir um Radwegsbreite rechts ´rüberziehen. Und das tut mein Mann ohne Spiegelblick - es ist nicht zu fassen!

2) Nach einer zur Baustelle umfunktionierten Verkehrsinsel biegen wir links ab. Sie ist von rotweißen Leitkegeln begrenzt. Mein Fahrer zieht links herum und walzt mit dem Hinterrad einen Kegel platt. Ein Bauarbeiter schreit hinter uns her.
(Der Fahrlehrer sagte hinterher, mein Prüfling sei Taxifahrer.)

Auf dem Prüfhof in Offenburg will ich die Tür eines Lastwa-gens schließen, doch der Riegel schnappt nicht ein. Wie ich ein paarmal probiere, meint ein wohlmeinender Mann, ich solle nicht so auffällig dran herummachen, „sonst merken die´s".

In einer langgezogenen Rechtskurve leicht bergan lasse ich links abbiegen. Bis zu dem Punkt, wo es ans Abbiegen geht, bleibt man, wenn man´s korrekt macht, parallel neben den Straßenbahnschienen, die ganz rechts verlaufen. Doch mein Prüfling verlässt „den Pfad der Tugend", zieht nach links und wartet den Gegenverkehr ab. Da aber die Entgegenkommen-den fast alle die Kurve schneiden - was nicht überraschend geschieht, sondern vorauszusehen ist - stehen wir wie ein Fels in der Brandung.

Nun „explodiert" der Fahrlehrer, kaum daß ich das Negativergebnis verkündet habe: „Ich hab ihm gesagt, er muss auf den Kanaldeckel fahren!"

Das war einer von den (zum Glück seltenen) Fällen, wo Leute wegen falscher Ausbildung durchgefallen sind. Sollte ich etwa vor Beginn des Prüftermins den Fahrlehrer fragen, wie er geschult hat, wie an dieser Stelle und wie an jener?

Nach Feierabend bin ich dann zu Fuß zu diesem Schicksalsort gewandert und habe meinen „Blick des Prüfers" auf den Kanaldeckel gerichtet und festgestellt, daß er innerhalb kurzer Zeit von vielen Rädern überrollt wurde.

Inzwischen, nach vielen Jahren, ist er auch von der Zeit überrollt worden: er ist nicht mehr. Ebenso die Möglichkeit, hier abzubiegen.

Wenn ich an meinem Lebensabend an einer Fahrschule vorbei (und nicht in sie hinein) gehe, kommt mir das Lied in den Sinn: „Oh, wie wohl ist mir am Abend!"

Und den Fahrschülern, die davor stehen, möchte ich sagen: „Von mir kriegt ihr nix."

======== Rauchen ========

„Spät kommt Ihr, doch Ihr kommt." sagt Wallenstein.
Diesen Gruß wandle ich um in die dankbare Feststellung:
spät kam es, doch es kam: das Rauchverbot in Lokalen.
Hätten wir´s Jahrzehnte früher während meiner Auswärtstätig-
keit schon gehabt, wäre ich nicht an fünf Tagen in der Woche
vor der Wahl gestanden, in der Mittagspause mich in ein ver-
rauchtes Lokal zu setzen oder sonstwohin.
Glücklicherweise hatten viele Lokale einen Nebenraum, in den
ich mich zurückzog, auch wenn es den Anschein hatte, ich
hielte mich als Prüfer für etwas Besseres. Doch schuld war nur
die Atmosphäre (hat etwas mit Atem zu tun).
Als ich eine Konditorei entdeckte mit angeschlossenem rauch-
freien Café, freute ich mich über die Menschenfreundlichkeit
des Inhabers, bis er eines Tages im Gespräch mit einer Kun-
din die Bemerkung fallen ließ, Rauch schade den Torten.
Was mir das Passivrauchen verleidet, ist nicht so sehr der Ge-
ruch, als das Bewusstsein der Schädlichkeit. Im Gegenteil:
mein längst verstorbener Opa bleibt mir in der Erinnerung in
Verbindung mit seinem würzigen Pfeifenrauch .....
Aber gestunken hat mir´s, wenn ich morgens in einen Fahrschulraum kam und da schon geraucht wurde. Auch der Warteraum für die Fahrschüler an der Prüfstelle war regelmäßig
vernebelt. Ich riß immer wieder, wenn ich da durchgehen
musste, die Außentür auf und stellte den Aschenbehälter ins
Freie (aber er fand immer wieder zurück).
Die Nichtraucher werden gedacht haben, da muss ich halt nun
einmal durch, den Führerschein mach ich ja nur ein-mal.
Eines Tages komme ich in den vollen Prüfraum, wo ein älterer
Kollege die Theorie prüft. Ich trau meinen Augen und meiner
Nase nicht: „Da wird ja geraucht!" sage ich entrüstet zu ihm.

Darauf er: „Des könnese net verbiede." --- Und ob! Ich konnte es immer (wäre doch gelacht!)

RAUCHER-ABTEIL

Mit gelben Fingern, Lung´ und Lippen
serienproduziert er Kippen.
Und nach raucherfülltem Leben
(andre hat er auch vergiftet)
wird er trotzdem hochgeliftet
dorthin, wo die Engel schweben.
Soviel Geister, soviel Wölkchen --
er stellt fest: ein traurig Völkchen!
Will er sich auf Wolke setzen,
Tränen ihm die Netzhaut netzen:
er versinkt in Tabakrauch,
und wie einst sein Mitmensch auch
im verqualmten Bürosaal,
fühlt er Passivrauchers Qual.--
Lunge schwarz und Seele grau,
sehnt er sich nach seiner Frau,
hört er Raucherseelen schrein:
„Mach´s Fenster auf, laß Luft herein!"

Durch (endlich weiß-) gewaschene Gardine
blickt die Witwe Wilhelmine,
dreht Duftwasserfläschchen auf --
Ich glaube, es steht TABAC drauf.

Gegen Ende meiner Dienstzeit wurde ein betriebliches Vorschlagswesen eingeführt.

Das war wie eine Einladung an mich, zu schreiben:

„In allen Prüfstellen unseres TÜV Südwest sollte (im Sinne der Kundenfreundlichkeit bzw.-gesundheit) mindestens ein rauchfreier Warteraum vorhanden sein.

Dies ist bisher leider nicht überall der Fall!

Dazu schlage ich vor:

1) Hinweise auf Rauchverbot groß und deutlich anbringen, gegebenenfalls Hinweis auf separaten „Rauchsalon".

2) Behälter für Asche und Kippen nicht im Raum für Nichtraucher!

3) Durchführung dieser Maßnahmen nicht als Empfehlung, sondern als strikte Anweisung an die Niederlassungsleiter. (Einer antwortete mir nämlich auf meinen mündlichen Vorschlag, er hänge sich da nicht rein.)

4) Kopie meiner beigefügten „Warnung vor tödlichem Passivrauchen" oder ähnliches von der AOK zu beziehendes Material, schön eingerahmt unter Glas, könnte wohl zur Akzeptanz beitragen."

Darauf wurde geantwortet, der TÜV Südwest habe „keine rechtliche oder sonstige Handhabe, ein grundsätzliches Rauchverbot auszusprechen." (Gibt es kein Hausrecht?)

Nachdem ein weiterer Vorschlag abgelehnt wurde, schrieb ich:

> *„Von weiteren Vorschlägen und enttäuschenden Antworten*
> *wird uns mein baldiger Ruhestand verschonen.*
> *Zuvor noch freundlichen Gruß!"*

===== FINIS =====
